Photo de la couverture: Les Professionnels Inc.
Maquette de la couverture: Le Graphicien inc.

LES ÉDITIONS QUEBECOR
Une division du Groupe Quebecor Inc.
225 est, rue Roy
Montréal, H2W 2N6
Tél.: (514) 282-9600

Distributeur exclusif
AGENCE DE DISTRIBUTION POPULAIRE INC.
955, rue Amherst
Montréal, H2L 3K4
Tél.: (514) 523-1182

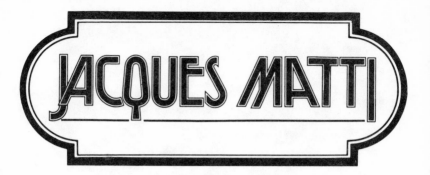

JACQUES MATTI

par Jacques Matti

EDITIONS

Quebecor

À Hélène Fontayne
dont le dévouement m'a permis
d'écrire ce livre.

Introduction

J'ai vu la mort... Évidemment, bon nombre de bien-pensants et des amis de pacotille vont dire que je raconte des histoires, que je commence ce livre en faisant bondir les braves et sourire les sceptiques. Même si certains trouvent que j'exagère, je recommence de la même façon, car je ne peux rien changer, ni rien adoucir: j'ai vu la mort.

Au cours d'une vie mouvementée et faite de luttes perpétuelles, j'ai eu cette vision et je vous raconterai ce que j'ai vu, ce que j'ai ressenti. Notez que la vie est faite de différentes morts que l'on subit sans trop se rendre compte des vrais périls que l'on frôle. Il y a la mort lente de l'ennui, la mort brutale de l'amour, la mort quotidienne de l'orgueil, la mort de la pauvreté, la mort de son métier. Toute une foule de morts qui nous surprennent et nous laissent souvent vides de sang, vides de pensées, vides d'espoir. N'allez pas penser que je vais jouer sur ces différentes formes de mort pour justifier ma première phrase; non, moi, ce que j'ai subi, c'est la mort, la vraie, glacée, gluante, fatale. Mais avant d'en arriver là, je vais ouvrir la porte au démon qui m'a accompagné toute ma vie, et vous révéler ce que le métier m'a apporté de merveilles et de saloperies. Un métier qui paraît fait de rêves, de décors féeriques, de paillettes multicolores, de musiques endiablées. Et qui n'est que du cul, de la crasse, du résidu de vidange, des illusions stupides et des batailles déloyales. À chaque page vous retrouverez toutes les activités auxquelles je me suis livré au Québec depuis le jour où je suis arrivé, et vous connaîtrez des dessous aussi sales que les culottes de certaines grandes vedettes au nom bien établi. Si vous aimez la vérité, lisez-moi. Si vous avez peur des mots, des faits, des choses violentes, arrêtez tout de suite et essayez de revendre ce bouquin rue Craig chez un revendeur de bijoux volés ou de livres rares et inutiles. Vous avez tout de suite le choix; je ne vous prends pas en traître. Je n'ai pas peur de dire des choses longtemps cachées, je ne redoute pas de révéler des noms en précisant les faits commis, sales, tendres, parfois attendrissants. Je n'ai pas de parti pris; quand ça pue, ça pue. Et ce livre aura le mérite de démystifier ce que l'on essaie de nous faire prendre pour un beau reflet teinté d'or. Soyez heureux, car il y aura aussi de belles choses, des bontés cachées, des odeurs de jasmin, des lueurs de confiance. Car la vie, même si elle contient un pourcentage de nausées, peut offrir des cadeaux qu'il serait malhonnête de nier. Alors? On me suit ou on laisse tomber. Il est encore temps. Moi, je roule sur la route de la vérité, quels que soient les obstacles, quels que soient les dangers.

Je suis arrivé à Montréal par avion Constellation et lorsque j'ai vu le hangar qui servait d'aéroport, je me suis demandé si je n'étais pas arrivé au Far West. Et le taxi qui m'a emmené en ville traversait une vraie pampa. J'avoue que le choc a été grand; jusqu'au moment où j'ai découvert la rue Sherbrooke, ses maisons, son allure. J'ai dîné chez Lelarge, qui était, à cette époque, le royaume du monde artistique. Plusieurs personnes m'ont parlé. Et, lorsqu'on m'a demandé ce que je venais faire au Canada, j'ai répondu tout simplement: «Je viens tourner un film sur les ours.» Immédiatement j'ai senti que l'on me prenait pour un fou. «Les ours, mais où ça?» Est-ce qu'ils se foutaient de ma gueule, ces gens? Ce fut complet quand un plaisantin lança: «Encore un maudit Français qui vient chasser les plumes des Indiens et les uniformes rouges de la garde à cheval.» J'avais la sensation que ces malheureux souffraient de complexes effrayants. J'avais l'impression que les Français, les «petits cousins», étaient plutôt mal vus, mais je ne voulais pas rester sur une première impression, comme ça, le premier soir, alors que le gin paraissait être la liqueur magique qui déliait les langues. Je me contentai de payer l'addition et de sortir afin de découvrir une chambre, louée l'après-midi même, dans une maison au pied de la montagne. Mes étonnements commençaient, mais il faut bien reconnaître que c'était plutôt comique. Je demeurai cinq jours dans cette chambre où les toilettes se trouvaient dans le couloir, souvenir de la vie soi-disant arriérée des Français. Au bout de cinq jours j'eus la surprise suivante: je croyais que le prix en était de soixante dollars par mois, alors que c'était beaucoup plus simplement par semaine. Pourquoi pas? Je changeai rapidement de coin et je trouvai un petit appartement avec cuisinette, salle de bains, pour 25 dollars par semaine. Ce qui me fit conclure que la méfiance était de règle pour survivre. Et je n'ai jamais cessé d'appliquer à la lettre ce principe qui m'apparut vite primordial. Mais, que voulez-vous, j'étais tombé en amour avec la rue Sherbrooke.

Après quelques conversations, je me rendis compte très vite que les ours qui venaient manger dans votre main alors que vous rouliez dans les parcs, étaient une invention charmante de l'ambassade canadienne à Paris. Une de plus, d'ailleurs, car le coup des Indiens et des gendarmes à cheval dans leur bel uniforme rouge, cela aussi nous venait directement des responsables de la publicité du Canada à Paris.

Les rumeurs vont vite ici et je m'en aperçus rapidement. Je ne sais pas exactement comment monsieur Paul L'Anglais, qui possédait son propre bureau, avait obtenu mon nom et mon adresse, mais il me convoqua. Nous avons parlé avec beaucoup de franchise du métier et de ce que j'étais en France; j'en profite pour glisser que j'avais été le directeur des films Jean Mineur, un organisme qui régissait plus de 3 000 cinémas, en ce qui touchait la publicité qui passait aux entractes. J'avais dirigé Radio-Snap, une branche d'une des plus grosses maisons d'affichage. Et, pendant que j'étais ici, j'avais une émission qui passait sur les ondes de Radio-Luxembourg une fois par semaine. Ceci, simplement pour préciser aux tubes de seccotine, qui doutaient de ma carrière de l'«autre côté», qu'ils étaient déjà passés à l'antirouille de l'intelligence. Donc, Paul L'Anglais termina l'entretien en me demandant d'écrire un texte de télé-roman. Je pensais que j'avais trouvé des hommes d'affaires rapides à la place des ours. Je me mis à écrire quelques chapitres et je les déposai chez le producteur; je n'ai plus jamais eu de ses nouvelles. Ou bien il avait trouvé mon travail complètement con ou bien il n'en avait pas besoin. Au même moment, un camarade, Jean-Raymond Boudou, me présenta à madame Marcelle Barthe, de Radio-Canada. Cette femme, remarquablement intelligente et correcte, me confie un quart d'heure par semaine au cours duquel je racontais des anecdotes sur les personnalités que j'avais rencontrées à Paris. Cela dura des mois. Entretemps j'avais fait la connaissance d'un étrange personnage à l'allure délicieusement illuminée. Il voulait révolutionner l'industrie du disque québécois, et il semblait avoir les idées capables de remuer ce qui paraissait un enterrement de première classe. Je lui racontai ce que j'avais fait dans le disque et mes idées ont paru lui plaire. Il m'engagea comme homme à tout faire. Décidément, la vie me paraissait magnifique. Mon premier vrai travail vint par l'intermédiaire du téléphone. Jean Bertrand, c'est le nom de cet homme audacieux, me téléphonait, complètement anéanti: «Venez tout de suite, je suis au studio d'enregistrement et je n'arrive pas à comprendre un artiste...» Il me donne l'adresse. Je crus que c'était tout à côté; mais voilà, la rue Sainte-Catherine, c'est immense. Et le numéro où j'allais était tout à l'autre bout, dans l'est. C'est là que j'ai réalisé à quel point Montréal était long, long, immense. Après avoir sué sang et eau, j'arrive et je découvre le fameux studio. C'était très spécial comme studio d'enregistrement. Pierre Bruneau, le propriétaire, y tournait des films publicitaires et un décor était monté: il s'agissait d'une cuisine. C'est dans ce décor que j'allais cuisiner le premier disque d'André Lejeune. Jean Bertrand, cheveux défaits, chemise en bataille, le regard perdu, attendait. Quelques musiciens paraissaient écœurés de leur instrument. Quant à André Lejeune, il pétait le feu, ne sachant plus à quel «musicien» se vouer. Je vous assure que la cuisine était triste. «Débrouillez-vous, monsieur Matti... moi je m'en vais...» Et Jean Bertrand quitte les lieux. Je m'installai dans la cabine et je fis répéter la chanson. Il s'agissait de «Prétends que tu es heureux». Les musiciens essayaient, André chantait, mais rien ne marchait. Finalement j'entrai dans le décor et je parlai au chef, un guitariste fort connu, Buck Lacombe. J'éliminai tous les musiciens et ne gardai que deux guitaristes. Figurez-vous qu'il y avait une faute de mesure dans le refrain; mais il ne fallait rien changer. À cause de cette faute, l'orchestre foirait; mais avec seulement deux guitaristes, on a pu y arriver. Après deux essais, la chanson était enregistrée, à la grande satisfaction de tout le monde.

Lorsque le disque fut pressé, nous avons organisé un cocktail de lancement. Tout alla bien jusqu'à ce qu'un petit monsieur tout chétif, légèrement déplumé, s'approche de moi et, un peu de fiel au bord du verre, me dise: «C'est drôle, mais je trouve qu'il y a une faute. Ça boite un peu...» Il paraissait ravi de cette critique que le premier venu aurait pu faire. Le petit monsieur n'aima pas ma réponse: «Oui, ça boite un peu... mais nous avons eu tellement de mal à obtenir cette erreur. C'est ce qui fera le succès du disque.» Le petit homme faillit avaler son gâteau tout rond. À ses yeux, j'étais fou, alors que je venais simplement de me foutre de sa réflexion. Bien sûr qu'il y avait une faute de mesure. «Prétends que tu es heureux» fut un énorme succès. Et le jeune homme un peu 1900, c'était Fernand Gignac. Je venais de me faire mon premier ami.

Je fus convoqué par monsieur Jean-Marie Dugas, directeur de la radio française. Très simple, il me dit: «Nous avons un problème: nous ne pouvons pas obtenir les nouveautés du disque français. Avez-vous une solution?» Évidemment. Je lui demandai un délai de deux semaines avant de lui proposer une façon d'opérer qui donnerait à Radio-Canada une priorité pour les disques français. J'avais travaillé avec Pierre Bourgeois, directeur général de Pathé-Marconi, avec Barclay, et d'autres personnages importants du disque français. Bientôt j'avais l'accord d'une dizaine de compagnies qui me feraient parvenir toutes les nouveautés. À Jean-Marie Dugas, je déclare que je peux animer une émission quotidienne d'une heure avec des disques inédits. Il me dit: «Combien voulez-vous?» Question fatidique à laquelle je m'étais préparé. Me rappelant les méthodes françaises, je lui donne un chiffre bien supérieur à ce que je voulais obtenir, sachant qu'il allait automatiquement refuser. Comme je m'y attendais, il me dit: «Je ne peux pas vous donner ça...» Le coup à la française! Eh bien, je me trompais! Ce fut ma seconde surprise au Canada. «Non, je ne peux pas vous donner ce que vous me demandez, car les tarifs syndicaux sont formels...» Et il me donne un chiffre qui me laisse absolument abasourdi. «Paris chante et danse» venait de naître. J'animai cette émission pendant huit ans. Je fis un voyage à Paris au cours duquel je rencontrai mes deux amis, Guy Bertret et Jacques Ledrain. À l'époque, ils étaient les premiers disc-jockeys de France sur les ondes de Radio-Luxembourg. Des années durant, ils me firent parvenir chaque semaine des interviews des plus grandes vedettes de la chanson française qui présentaient leurs nouveaux disques; il n'y a jamais eu un seul manque. Alors vous pensez si je rigole maintenant quand des postes de radio, avec beaucoup de retard, présentent des entrevues; il y a belle lurette que j'ai fait ça. «Paris chante et danse» dura huit ans. Vous savez pourquoi cette émission s'est arrêtée subitement? Je vous le donne en mille. Au bout de six ans de collaboration quotidienne, mon réalisateur me demande un jour de lui rendre un service: «Ma mère est malade... pourriez-vous me prêter 200 dollars...? Je vous fais un chèque encaissable dans un mois.» Mais voyons donc! Avec plaisir. C'était bien normal, et j'avançai la somme. Le chèque qu'il me remit devait être plombé car il n'eut pas la force de se rendre jusqu'à ma banque; il était sans fonds... Je dis à mon réalisateur de ne pas se faire de bile et il m'assure que j'aurais mon argent très vite. Deux ans après, je n'avais rien touché et mon brave ami me rencontrait tous les jours sans jamais me dire un mot. Pour lui, c'était oublié. À tel point que je vis rouge, et réclamai le remboursement de ces pauvres petits deux cents dollars. Quelle honte!... Quelle audace j'avais eue là, pour ne pas dire quel manque de tact. Ce fut la fin de «Paris chante et danse»...

Entretemps, il se produisit un événement qui provoqua une révolution dans ma vie professionnelle. Une fois de plus, je m'étais rendu à Paris pour régler certaines affaires. À mon retour, je trouvai, à Dorval, un garçon que j'aimais bien, le pianiste et chef d'orchestre Roger Le Sourd. Il avait un sourire bon enfant et une joie semblait s'inscrire sur son visage. «As-tu fait bon voyage?... Es-tu en forme?... Tu as rendez-vous demain matin à Radio-Canada. Tu dois rencontrer Maurice Dubois. C'est le réalisateur de cette série pour les jeunes, «Le Club des autographes». Il veut y apporter des modifications et il veut te rencontrer.» J'avoue que j'ai été abasourdi. La télévision... avec tous ses avantages et tout ce que l'on pouvait y réaliser. J'avais beaucoup d'idées, mais personne ne m'avait encore donné ma chance dans ce domaine. Le seul mauvais souvenir que j'avais de la télévision venait de France. J'avais sauvé de certains ennuis un dénommé Paul Mallet, directeur de la radio française, et, grâce au président Ramadier, le ministre Marcellin avait donné une nouvelle chance à Mallet; il fut nommé directeur de la télévision française. Le seul remerciement que j'obtins, ce fut de me faire faucher l'idée de la série policière où on exposait une énigme et où on donnait cinq minutes aux téléspectateurs pour trouver le coupable. Heureusement pour la carrière de monsieur Mallet, je quittai la France peu de temps après. Donc, la télévision, je l'avais un peu «profondément». Pourtant, dans ce pays neuf, j'avais envie d'y goûter. J'oubliai le minable petit Mallet et j'attendis le lendemain matin avec beaucoup d'impatience. Qui était Maurice Dubois? Comment était-il? Le lendemain, j'arrive à l'heure au rendez-vous. J'ai toujours été très ponctuel. Sauf une fois, à Paris, où cela m'a coûté la perte d'un grand amour. Mais je vous raconterai plus tard l'histoire des femmes dans la vie de Jacques Matti... Donc je rencontrai Dubois. Tout de suite nous nous sommes compris. Il m'exposa ce qu'il voulait: une émission pour la jeunesse. Pour l'instant, il se sentait capitaine d'une toute petite barque et je comprenais qu'il voulait mener un immense navire; dans son regard, je voyais l'horizon de la réussite. De plus il était correct, remarquablement bien élevé. Il avait une script-assistante qui paraissait convaincue de la valeur de cette émission. Quant à Roger Le Sourd, il était le chef de trois ou quatre musiciens. Cet homme devait me faire connaître un jour la pire crise de conscience que l'on puisse avoir. (Je vois tout de suite une bande d'imbéciles, car ils sont toujours là, plutôt ratés, ramollis, je les vois et je les entends qui pensent et murmurent: «Matti a-t-il une conscience?») Eh bien oui, j'ai une conscience et j'aurai l'occasion de reparler des drames qu'une conscience peut provoquer lorsque l'on fait son métier entièrement, pleinement, fortement. Dans le petit, tout petit bureau de Maurice Dubois venait de naître la base de ce qu'il y a eu de plus solide, de mieux réussi, à la télévision québécoise depuis des années, pour les jeunes. «Le Club des autographes» a créé des vedettes, créé le mythe de la vedette, et il a toujours été copié servilement et platement chaque fois que l'on a voulu essayer de toucher la jeunesse.

Le pourrisseur de la jeunesse canadienne

Il est une chose mal connue. Radio-Canada et ses patrons détestent les émissions qui ont du succès, et l'on redoute par-dessus tout le vedettariat. «Le Club des autographes» a connu une vogue incroyable. Évidemment les intellectuels se souviennent des «Plouffe», mais pourtant le «Club» a remué toute une génération. Mais ce style ne plaisait pas à la haute gomme. C'est ainsi qu'un jour un monsieur, charmant d'ailleurs, et malheureusement disparu, s'arrêta pile devant moi au cours d'une réception et me pointant du doigt, il me fustigea en ces termes: «Vous êtes le pourrisseur de la jeunesse canadienne.» Ce à quoi je répondis: «Cette pourriture, je la crée, mais vous la diffusez, ce n'est pas mieux...» Je m'étais fait un nouvel ennemi. Heureusement qu'il y avait à la tête de la section jeunesse un homme de qualité: c'est un ami et je ne le renie pas. Il a commis une erreur, il a payé, mais au moins il peut se vanter d'avoir su diriger un service à Radio-Canada où les dindes truffées sont les âmes dirigeantes depuis trop d'années. Son nom, Fernand Doré. Le monsieur qui m'avait taxé de pourrisseur de la jeunesse canadienne, c'était André Ouimet. Malgré la force de Fernand Doré, malgré le succès indiscutable de cette émission, ces messieurs de la tour d'ivoire réussirent à la faire disparaître. Avec la fin du «Club des autographes», bien des histoires tombaient dans l'oubli.

Il faut tout de même que je vous en raconte, et des plus savoureuses. Avec toutes les vedettes étrangères qui ont fait l'émission, il y eut bien des anecdotes curieuses. C'est ainsi que la grande chanteuse Catherine Sauvage fut sommée de prendre une douche avant de faire son apparition sous les projecteurs. Que voulez-vous, le talent a parfois des odeurs pleines de fausses notes. Il y eut Gloria Lasso qui, d'un ton dédaigneux, demandait: «Qui est ce petit jeune homme qui chante à la fin du show? C'est moi la vedette et je dois terminer le spectacle.» Il lui fut répondu par votre serviteur que, si elle passait après le «petit jeune homme», elle ferait un bide. Colère de la dame. Colère inutile d'ailleurs, car le petit jeune homme était la coqueluche de tous les jeunes: c'était Michel Louvain. Quant à monsieur Yves Montand, il était venu roder son tour de chant au Québec, mais il a mis bien des années avant d'avoir un visa pour les États-Unis... Notez que les vedettes venues de l'«autre côté» n'étaient pas pires que nos artistes qui commençaient à croire que leur heure de gloire était arrivée. Il y eut bien des drames, des colères et des gestes ridicules. Figurez-vous que je choisissais les chansons interprétées par les vedettes participantes; ce fut certainement une des causes de la réussite de l'émission. Chansons à succès, prédictions de futurs succès, prédictions qui se révélaient rapidement vraies, la base musicale assurant une réussite au départ. Mais il y avait des auteurs-compositeurs qui n'admettaient pas que l'on puisse mettre en doute les qualités de leurs oeuvres. C'est ainsi que j'avais choisi une chanson de Hervé Brousseau et que j'en avais imposé une autre, très populaire, mais qui avait été créée par un autre artiste. Ah, mes enfants, quelle catastrophe... Monsieur Hervé Brousseau monta jusqu'aux plus hauts étages de Radio-Canada, demandant de quel droit un «étranger» se permettait de choisir les chansons des interprètes. Il exigeait ma peau, voulait mon départ. Enfin, il se couvrit de ridicule et je continuai d'être le script-conseil du «Club». Quelques années plus tard, il était devenu réalisateur au canal 10, la chanson semblant l'abandonner, et il fut chargé de réaliser «Bon dimanche». Rancunier, il voulut m'éliminer de l'émission. À cette époque, je rendais suffisamment de services au 10 pour que l'on donne le choix à Hervé Brousseau: lui ou moi. Il fut obligé de quitter le canal 10. Mais, comme il avait du talent, il y revint plus tard.

Mon métier m'imposait de prendre des décisions qui n'étaient pas toujours agréables. Surtout vis-à-vis d'artistes de qualité dont je respectais la valeur. À une occasion, nous avions comme invitée une grande dame, madame Lucile Dumont. Fort gentiment, elle avait accepté de jouer le jeu et, en plus de chanter une chanson de son répertoire, elle avait appris un succès de l'époque et le savait merveilleusement bien. Lorsque nous avons répété avec l'orchestre, dirigé ce jour-là par Michel Brouillette, tout alla bien jusqu'au moment où un accord de trompettes fort inattendu vint troubler la langueur de l'interprétation de Lucile. Immédiatement notre vedette eut une réaction bien compréhensible. «Ah, non, pas cet accord de cuivres... je ne l'attends pas du tout et je ne l'aime pas...» La discussion a commencé, et comme, dans le show-business, il ne faut pas s'éterniser sur des détails et perdre du temps, il fut convenu que l'on supprime le fameux «tutututu». Et nous avons répété tout l'après-midi de cette façon. Mais, sincèrement, cet accord ne cessait de me travailler. Cela donnait du «pep» et correspondait à un besoin pour ce genre d'émission. J'en parlai à Michel Brouillette, et constatai sa tristesse de créateur face à la coupure de cette trouvaille musicale. Le soir, l'heure fatidique arriva; tout le monde était prêt. À cette époque les émissions, même les plus difficiles, étaient en direct. Dès que la lumière rouge nous faisait de l'oeil, ça partait et rien ne pouvait vous sauver. Pierre Paquette commença sa présentation et l'émission prit sa vitesse de croisière. Quelques instants avant le passage de Lucile Dumont, j'allai voir Michel Brouillette qui menait ses musiciens de main de maître. Je m'approchai de lui et, sans perdre de temps, je lui dis: «Pour l'accord des cuivres, vas-y... remets-le.» À cette époque j'avais pleine autorité et, surtout, Michel me respectait beaucoup. Avec une artiste de moindre qualité, je n'aurais jamais fait cela, mais je savais que madame Dumont franchirait avec talent cette surprise que certains auraient pris pour un coup vache, alors qu'il n'était question que de la qualité du spectacle. Michel indiqua rapidement à ses musiciens que l'accord des cuivres revenait et madame Dumont commença sa chanson. Les cordes étaient suaves et tout était parfait. Soudain, émotion, les cuivres mirent un point éclatant dans toute cette musique douce. Lucile était en gros plan. Sur l'accord des cuivres, on vit juste ses cils se fermer un peu, le sourire se crisper, mais notre vedette termina magnifiquement sa chanson. Il fallait une artiste comme elle pour ne pas trébucher; mais quelle réussite. Tout le monde en parla longtemps. J'avais fait ce que tout responsable doit faire, prendre ses responsabilités. Si je ne l'avais pas fait, je n'aurais pas été digne du titre que je portais. Dans ce métier, il faut souvent prendre des risques, et agir par surprise. Ainsi, dans le domaine du disque, je me souviens d'un coup que j'avais fait à Joël Denis. La bande d'orchestre de «Eh, eh! Lolita» était faite et nous sommes entrés en studio pour mettre la voix sur cette musique. Je voyais mon Joël tout content, il faisait des blagues, il dansait, je le sentais en pleine forme. Je lui dis d'aller se placer au micro avec les écouteurs et de répéter. Je dis à l'ingénieur du son: «Sois prêt... comme si on enregistrait.» Puis, sournoisement, je criai à Joël: «On va répéter... marre-toi... fais n'importe quoi, c'est pour placer le son...» Et, avec la même sournoiserie, je lançai à l'ingénieur: «Tu enregistres pour vrai.» Et on fit partir la bande.

Mon Joël, sans trac, sans contrainte, s'amusant comme un petit fou, lançait des petits cris espagnols et des «Eh, eh! Lolita» avec des roulements de langue merveilleux. Il se rendit jusqu'au bout de la bande. Puis, l'air soucieux, il entra dans la cabine technique. «Qu'est-ce que ça donne?... T'inquiète pas... tout à l'heure ça va être meilleur... là, je me suis amusé.» Et j'éclatai d'un grand rire: «C'est fini.» Joël me regarda, affolé: «Quoi, c'est fini?» «C'est fini... c'est enregistré... et c'est terriblement bon... tu tiens encore un hit.» Joël n'en revenait pas. «Tu vas écouter... si tu avais su que tu enregistrais, jamais tu n'aurais été aussi à l'aise, jamais tu n'aurais osé faire ce que tu as fait.» Et nous avons tous écouté ce qui allait être un autre succès de Joël Denis. Quand je vous dis qu'il faut user de stratagèmes pour réussir...

Mais, revenons à la télévision. Je vous ai parlé d'un cas de conscience au sujet de Roger Le Sourd. Au fur et à mesure que, avec Maurice Dubois, nous augmentions les dimensions du «Club», il y avait des décisions à prendre. Pas commodes. Lorsque nous avons obtenu un plus grand nombre de musiciens pour l'émission, le problème des arrangements devint plus compliqué. Pour soulager Roger, on embaucha Michel Brouillette, pour diriger l'orchestre une semaine sur deux. Tout de suite se présenta le test du thème de l'émission. Chacun écrivit un arrangement différent. Et la première répétition eut lieu. Chaque chef dirigea son oeuvre. Nous avons d'abord écouté Roger, puis ce fut le tour de Brouillette... Catastrophe... Il n'y avait aucune comparaison possible; autant Roger, avec une bonne volonté évidente, avait écrit un arrangement merdeux, autant Brouillette avait trouvé le style de ce que devait être «Le Club des autographes». Le cas de conscience était là: Roger avait parlé de moi à Maurice Dubois, il avait débuté l'émission, et puis tout d'un coup, il se cassait la gueule avec ses feuilles de musique et ses arrangements. Maurice et moi, nous savions que c'était Brouillette qu'il nous fallait. Mais nous évitions d'en parler trop souvent. Et la saison débuta. Le mal s'envenimait. Pour Roger, chacune des semaines où il dirigeait, lui semblait lourde et pénible. Avec douze musiciens, il n'y arrivait pas. Cela sonnait casserole, et cela nous crevait le coeur et les oreilles. Pourtant, il faut le dire, Roger était un bien meilleur pianiste accompagnateur que Michel, mais comme arrangeur et comme chef, il était battu par plusieurs longueurs. Qu'auriez-vous fait? Bien sûr, j'entends les fesses mielleuses qui chuchotent: «C'est la faute à Matti... C'est lui qui a fait foutre Le Sourd à la porte...» Merci de tout ce que vous avez dit à l'époque, chers demi-ratés. Ce métier est encombré de rêveurs méchants, hypocrites et peu courageux. Tous et chacun se jalousent à qui mieux mieux. La langue sale, elle se fait aller chez ces gens-là. Ainsi, ce pauvre Brouillette, personne n'aimait sa musique. À Radio-Canada et dans le métier. «C'est une fanfare... un faiseur de bruit...» Pensez donc, il avait eu le malheur d'avoir du talent, alors il fallait bien le démolir... gentiment, en parfaits salauds.

Les surprises du métier

Radio-Canada a été une société fort sympathique pendant des années. Mais il y eut des changements sournois, des orientations passagères et des décisions incompréhensibles. Soit dit entre parenthèses, il m'arrivera, comme ça, de passer d'un sujet à un autre, d'une époque à une autre. Je veux vous confier mes pensées et vous raconter des faits, mais je le fais au fur et à mesure de mes sensations. Si je vous livrais une litanie de petits gestes posés, de regrets, ou de colères, dans l'ordre, ce serait pour moi fastidieux et les chocs que j'ai éprouvés seraient amoindris. Je me livre avec sincérité. À chaque battement de coeur correspond un souvenir, et c'est au rythme décousu des événements que je vais au-devant de nouveaux ennemis. Donc, à Radio-Canada, il y eut des évolutions qui ne pouvaient être des révolutions car tout le monde, dans cette chère maison, a toujours manqué de courage et de franchise. La jalousie est une des «qualités» dominantes de certains de ces messieurs, depuis les grands directeurs jusqu'aux réalisateurs les plus stupides et les plus inutiles. J'aurai l'occasion de vous parler des exploits de certains pédants de la réalisation et des bêtises qu'ils auraient pu commettre. Ignorants et peureux, ils ont un jour cru qu'ils connaissaient enfin leur métier; et c'est depuis cette époque que nous assistons à une lamentable évolution des programmes d'un poste qui ne peut se plaindre de manquer d'argent, puisque c'est l'argent du peuple que certains rois de la tour d'ivoire utilisent pour satisfaire leurs caprices. J'ai beaucoup travaillé pour Radio-Canada, j'en ai connu les rouages, et je peux dire sans rancoeur, mais en toute sincérité, que certains incapables, certains minables se trouvent dans les bureaux de l'administration. Et chez les réalisateurs, il y en a qui se croient des génies alors qu'ils ne sont que des profiteurs des deniers publics. Si la société d'État est si critiquée, il ne faut pas chercher ailleurs que dans les cerveaux particulièrement enflés de tout un clan, chez certains ratés de luxe, certains responsables invertébrés.

Au début, alors qu'ils avaient encore peur, ils acceptaient des conseils. Mais j'ai vu leur colère rentrée, presque de la haine, à l'endroit de ceux qui étaient là pour les aider à apprendre leur métier. Et un jour, tous ensemble, ils ont dit: «Maintenant, on n'a plus rien à apprendre... Dehors les maîtres, à nous l'autorité.» Soyez patients, ils arrivent. La confirmation de ce que je viens de vous livrer, vous la trouverez vite, bien vite, trop vite. J'aurais tellement préféré citer des exemples de qualité humaine, d'intelligence et de talent. Ceux que je respecte et que j'ai aimés, ce sont les ouvriers, les machinistes, les techniciens, les directeurs techniques, les scripts, ceux qui travaillent vraiment, ces cameramen qui, trop souvent, sauvaient des réalisateurs en perdition. Oui, tous ces gens, je les regrette et je les ai toujours regrettés. Mais les connards galonnés, je les accuse de ne rien vouloir comprendre, de ne rien pouvoir comprendre, et de nous livrer de la mauvaise télévision, ennuyeuse, sans coeur, sans corps, émasculée. D'un métier merveilleux, ils ont fait un paquet de surprises à deux sous, où la mesquinerie s'accouple à l'insipidité. Non, ce n'est pas une vengeance que je couve, que je fais vivre. Ce sont des larmes que je verse, car je souffre chaque jour de constater que l'on assassine un média d'une telle grandeur. Je me souviens d'un soir, à Miami, alors que je regardais un spectacle et que j'avais le coeur gonflé. «Dire que jamais plus je ne ferai un spectacle à la télévision... jamais...» Hélène Fontayne, qui était avec moi, savait toute la vraie douleur qu'il y avait dans ces mots. Car j'aime ce métier, j'en ai vécu, j'ai même failli en crever. Et c'est parce que tant de gens ne le connaissent pas, n'en aiment que les honneurs ou les dollars, que je suis si sévère et sans indulgence. Que les petits cons mouchent leur nez. Oui, j'ai pleuré dans ma maison dorée de Pompano Beach. J'avais tout et je n'avais rien. J'avais la maison de rêve, la Continental, le repos, la plage, les amis, et pourtant je souffrais de ne plus vivre la loi des lumières, les rythmes de la musique, les danses et la peur de se tromper. Car un vrai créateur doit avoir connu la peur. Car chaque spectacle peut être une erreur. Et il faut en être conscient, bouffer de cette peur la nuit, le jour, sans arrêt. Et je crevais de jalousie de voir les merveilleux spectacles de variétés à la télévision américaine. Plus c'était beau, plus j'avais mal. Je savais que je reprendrais ma place à Montréal, je savais plus que jamais que je retrouverais un public fidèle. Mais, alors que je n'ai jamais cessé de suivre ce qui se passait à la télévision de Montréal, je ne pouvais m'empêcher de me ronger les sangs parce que je savais que tout allait de mal en pis. Jean-Louis Sueur, réalisateur au canal 10, un bon gars qui dirige «Le clan Beaulieu» depuis des années, m'a téléphoné un soir, vers les onze heures, chez moi, à Pompano. Il était en perdition avec sa roulotte dans les méandres de Pompano et il m'indiqua à quel garage il se trouvait. Je sautai dans ma voiture et j'allai le chercher. Il passa la nuit chez moi. Nous avons parlé jusqu'à trois heures du matin. Tout ce qu'il me disait me rappelait ce que j'avais connu. Il m'apparaissait que les mêmes stupidités avaient lieu, les mêmes jeux navrants, les mêmes compromis. Quand il partit le lendemain, j'ai eu le cafard pendant des jours. «Les cons, ils ne changeront donc jamais!» Les surprises du métier sont douloureuses car elles ne sont jamais ou presque jamais de qualité. Sacré Jean-Louis Sueur, je n'ai même pas reçu une carte postale depuis cette soirée où, amicalement, je l'avais dépanné.

Parmi les plus grandes surprises du métier, il y a eu la vogue incroyable de Michel Louvain. Alors que nous aimions infiniment engager Michel au «Club» parce que, tout simplement, il faisait un spectacle formidable pour la jeunesse, bon nombre d'innocents aux sourires légèrement abrutis racontaient que Maurice Dubois et moi-même étions intéressés financièrement dans la carrière de Louvain. Les pauvres cons qui n'ont jamais pu, probablement, avoir un geste désintéressé ou purement artistique, s'ils savaient à quel point nous étions loin de toucher un cent sur les cachets de notre vedette. Sa réussite et sa correction faisaient notre seul bonheur. Mais comment voulez-vous que dans un milieu taré, on puisse voir autre chose que des combines sordides? Maurice et moi, nous avons toujours haussé les épaules lorsqu'on nous parlait de ça. C'était l'époque où nous avons assisté à des crises d'hystérie. Au studio 42, il fallut un jour appeler les gardiens de sécurité parce qu'une jeune fille se mettait complètement nue devant les rideaux qui masquaient l'orchestre. Une autre fois, cela se passait à l'auditorium Saint-Laurent où l'on enregistrait l'émission. À la sortie de l'auditorium, il y avait plus de deux cents filles qui se collaient à Louvain. Pour le faire sortir, nous avons avancé sa voiture jusque devant la porte. On réussit à faire monter le beau Michel, mais les admiratrices en folie grimpaient sur le capot, sur le toit et cela prenait des proportions de plus en plus graves. Il fallut, une fois de plus, prendre une décision. On prévint les jeunes filles que l'auto allait démarrer; sans succès. On donna donc l'ordre au chauffeur de démarrer. J'avoue que le démarrage fut un peu sec; une jeune fille tomba et elle se fit une large entaille à une cuisse. Le chauffeur de Louvain, à cette époque, était Donald Lautrec. Mais oui, le même Lautrec qui, quelques années plus tard, allait devenir la vedette que l'on connaît. Quand je vous dis que ce métier est rempli de surprises... La vedette du «Club» était Pierre Paquette. Un charmant personnage, toujours dans la lune, possédant un humour parfois féroce, mais ayant le plus mauvais goût dans le choix de ses vêtements. Regarder les pantalons en tire-bouchon de Pierre était une désolation. D'abord il avait des fonds de pantalon qui descendaient trop bas, et ses vestes étaient taillées au «décroche-moi-ça». Maurice Dubois et moi, nous avons décidé de l'habiller et nous sommes allés chez le tailleur de Pierre. Nous choisissions le tissu, la coupe et nous assistions à l'essayage. Notre Paquette devint un élégant jeune premier et il prit de l'assurance. Si nous avons su l'habiller, nous avons complètement échoué en voulant le faire chanter. Pauvre Pierre, je pense qu'il a souffert mille morts quand nous avons pris cette décision. La première chanson qu'il balbutia, avec courage, sur les ondes, était «Que reste-t-il de nos amours?»... Rien... Il ne restait rien. Un trac fantastique paralysait Pierre, et nous avons poussé la cruauté jusqu'à le faire chanter lors de trois émissions. On nous a reproché cette tentative, mais si nous avions réussi?... Si Paquette avait pu pousser la chansonnette, l'émission aurait encore gagné quelques atouts. Qui ne risque rien n'a rien... Un jour, pour une nouvelle saison, nous avons voulu que Pierre fasse encore plus jeune parmi les jeunes et nous avons pensé que le port d'un chandail serait de mise. Cette décision étant prise, nous avons emmené Paquette chez un marchand et nous avons choisi un beau chandail pour la somme royale de 40$... Oui, quarante dollars. Naïvement, nous pensions que cette dépense ne grèverait pas le budget de l'émission.

Pauvres de nous... Dans notre candeur naïve, nous pensions que Pierre arriverait à l'émission vêtu de son chandail. Folie.... Un règlement syndical imposait qu'une habilleuse soit présente, s'occupe du chandail, le donne à Pierre, le lui retire et le ramène la semaine suivante. Croyez-moi ou non, mais comme l'émission avait lieu le samedi, on payait l'habilleuse au tarif double et le chandail de quarante dollars avait occasionné, à la fin de la saison, des frais de 800$ aux contribuables... Durant des années, l'équipe du «Club» marcha rondement. À part les caprices de monsieur Fernand Gignac, que je vous raconterai plus en détail, il existait une grande amitié et un grand respect entre nous. Mais tout se gâcha lorsque ce fut une marque de cigarettes qui commandita l'émission. Il fallait changer un peu l'âge de nos téléspectateurs. Tout le monde se souvient des cours de danse donnés par Jean et Charlotte durant plusieurs saisons. Parmi les «élèves» qui passèrent au «Club» et qui gagnèrent, il y eut un couple fameux, Joël Denis et Ginette Ravel. Jean Durand était le professeur, en compagnie de Charlotte. Au bout de quelques saisons, je trouvais que les danses manquaient de panache et que nous tournions en rond. Lorsque arriva la commandite de Rothman's, je dis bien fort ce que je pensais. Maurice Dubois savait que j'avais raison, mais Paquette, Brouillette, même Henriette, la script, ainsi que Jean et Charlotte, étaient contre moi. On organisa un dîner dans une salle privée de «Chez Bourgetel». Je peux vous dire que la viande nous paraissait dure et que la digestion était pénible. Le restaurateur n'était nullement responsable; les vérités des uns et des autres s'entrechoquaient et l'atmosphère était à l'orage. Je voulais que l'on change de danseurs et que l'on engage chaque semaine un couple de professionnels possédant un numéro de music-hall bien au point. Le concours de danseurs devait disparaître.

Mes copains de plusieurs années me tournaient le dos. J'étais parfaitement conscient de toutes les critiques les plus acerbes à mon sujet. D'ailleurs, à cette même époque, Pierre Paquette invita tout le monde chez lui, à Duvernay. Je dus quitter les lieux avant tout le monde. J'ai appris, par la suite, les gentillesses qui furent dites de moi. Ah, mes amis, quel échantillonnage de mots peu sympathiques furent lancés dans la mêlée oratoire. Toutes les frustrations des uns et des autres, accumulées durant quatre années de règne Matti, ressortaient comme des furoncles prêts à éclater. Une fois de plus, le fameux «C'est la faute à Matti» revint sur le tapis. Si vous me le permettez, je vais me rapprocher de vous et poser ma tête sur votre épaule... Vous voulez bien?... À ceux qui croient que l'on peut voir tant de méchanceté et d'incompréhension sans ressentir un pincement au coeur, je peux décrire dans quel nuage gris on se retrouve. Seul. Sachant qu'on fait son métier, sans antipathie, et qu'il faut tenir le coup malgré ces coups d'aiguille dans le dos. Je conduisais ma voiture en ruminant de tristes pensées. Je savais, à propos de l'émission, que j'avais raison, mais mes camarades ne me comprenaient pas et me traitaient, dans mon dos, de brute, de sans-coeur. J'avais envie de dire «merde... je laisse faire et j'encaisse mon chèque chaque semaine». Mais cette attitude n'était pas digne de moi. J'avais accepté un rôle. Le titre de «script-conseil» faisait sourire les impuissants, mais à mes yeux, il signifiait quelque chose. Je n'avais pas le droit de me laisser démonter par ces paroles négatives. Et je tenais le coup, me faisant détester chaque jour davantage. Lorsque la saison commença, Jean et Charlotte n'étaient plus là et un couple de danseurs venait de New York chaque semaine. Je dois dire cependant que Jean Durand est un garçon formidable. J'ai connu bien des drames après cette époque. J'ai subi une chirurgie cardiaque, j'ai connu l'emprisonnement au sujet de monsieur Giguère, j'ai été paralysé; or, toujours, et toujours le premier, Jean Durand s'est manifesté, me demandant si j'avais besoin de quelque chose. À l'hôpital Maisonneuve, il est venu me rendre visite. Et il m'a encouragé en me racontant qu'il avait été paralysé des deux jambes et que maintenant il marchait. Jean Durand s'est toujours montré un ami, prouvant ainsi qu'il avait compris ce que d'autres avaient tant critiqué. Je sais que Jean a connu la souffrance et l'injustice. N'y a-t-il que ceux-là qui comprennent la vie et les hommes? Les autres, les brillants, les glorieux, après m'avoir bien abaissé, ils ont été encore plus salauds que tout ce qu'ils avaient pu raconter sur mon compte. Il y en a deux de l'équipe du «Club» qui ont eu une «amitié» destructrice. Je ne sais si cela leur a porté bonheur, mais ils ont franchement été moches. Bêtement moches.

Les vedettes et leurs manies

Une émission telle que «Le Club des autographes» amène sur les plateaux différentes catégories d'artistes: ceux qui possèdent déjà une certaine expérience et qui connaissent les trucs du métier et les jeunes, les nouveaux, qui ont un trac épouvantable et une peur bien compréhensible de ces caméras indiscrètes et froides. Je pense que nous avons vu défiler à peu près toutes les vedettes québécoises de même que plusieurs vedettes internationales. Il est arrivé que l'on essaie de nous imposer des simili-vedettes, surgies de nulle part, grâce à des arrangements bizarres. Nous avons eu deux duos réguliers à l'émission; l'un était composé de Margot Lefebvre et Fernand Gignac, l'autre de Pière Sénécal et Ginette Sage. L'expérience et la maîtrise de Gignac et Margot nous apportaient une sécurité indiscutable. Il ne faut pas oublier que tout était en direct; pas de préenregistrement, mais une émission d'une heure qui se déroulait, inexorable, sans coupures possibles, avec toutes les difficultés de mise en place, de chants, de textes. Les pot-pourris interprétés par Gignac et Lefebvre étaient particulièrement difficiles, sans aucune concession à la facilité. Jamais, pendant deux saisons, nous n'avons eu de crainte quant à la sûreté vocale de ces deux artistes. Pière Sénécal et Ginette Sage présentaient plus de risques, mais ils dégageaient une jeunesse fort sympathique. Une fois, à l'auditorium Saint-Laurent, nous avons frôlé la catastrophe. Heureusement pour nous, il y avait eu des progrès techniques; on enregistrait l'émission sur vidéo. Mais on ne pouvait reprendre une erreur. Et un jour, Pière eut un blanc de mémoire. Au beau milieu d'une chanson, il bloqua complètement, durant tout un couplet. L'orchestre continuait et, enfin, au refrain, Pière retrouva ses esprits. Lorsque le vidéo passa en ondes, il fallut que Maurice Dubois s'installe dans la salle de contrôle pour calculer exactement le temps de «l'erreur» et faire passer la fameuse affiche «difficultés temporaires». Et tout reprit au moment où notre Sénécal attaquait vaillamment son refrain. Personne n'a remarqué ce qui s'était vraiment passé. Mise à part cette petite défaillance, Pière et Ginette ont été parfaits durant toute la saison. Mais, une fois de plus, il fallut faire un choix lorsque l'émission fut commanditée, et c'est le duo Lefebvre-Gignac qui l'emporta. Fernand Gignac nous avait assez répété qu'il aimerait continuer car il avait beaucoup aimé sa saison. Dans nos rapports avec lui, il fallait toujours faire attention, car ses réactions étaient imprévisibles. Lorsque nous lui avons annoncé qu'il continuait en compagnie de Margot, il fut très heureux. Maurice lui demanda de rencontrer l'administrateur pour discuter de son contrat. Quand nous avons appris quel cachet il avait demandé, nous sommes tombés à la renverse. Il n'avait presque pas demandé d'augmentation bien que, lors de la première saison, son cachet ne pesât pas lourd. Honnêtement, compte tenu du travail exigé de cet artiste, nous ne pouvions accepter l'arrangement qui avait été pris. C'est vous dire le respect que nous avions pour Gignac. Maurice Dubois fit des recommandations avec justificatifs auprès de l'administration, et Fernand Gignac eut un contrat décent. C'était la deuxième fois que nous faisions quelque chose d'amical pour Gignac au sein de Radio-Canada. Je vous raconterai ce que nous avions inventé, Maurice et moi, pour faire paraître Gignac au petit écran... Et c'est cet homme-là qui me déteste le plus dans la colonie artistique... Tout ce qu'il a pu dire et faire est incroyable. Mais devant tant de sottise, j'avoue que je ne prends même plus au sérieux les sentiments presque inhumains d'un individu à qui j'ai rendu deux services importants. Parlons des événements qui suivirent la signature de ce nouveau contrat où Maurice Dubois était intervenu, en accord avec moi-même. Tout se déroula bien pendant quelques semaines. Mais, petit à petit, le caractère de monsieur Gignac changeait. Chez celui qui, auparavant, plaisantait toujours et travaillait dans la sérénité, qui avait aimé la saison au cours de laquelle on travaillait de la même façon, qui acceptait les chansons que je choisissais pour les pot-pourris, tout à coup, la vedette apparaissait. Il supportait mal d'avoir à chanter ce que je choisissais. Monsieur faisait la tête. Dès qu'il ne répétait pas, il s'isolait dans un coin et ne disait pas un mot. Son attitude gênait tout le monde. À tel point que Maurice Dubois décida de lui parler pour tirer au clair ce qui n'allait pas. Je vous donne en mille quelle fut sa principale critique, hormis le fait qu'il aurait préféré choisir lui-même ses chansons. Il lança: «Et puis, c'est l'orchestre qui est la vedette du show... on ne s'occupe que de ça...» Monsieur Gignac était jaloux de l'orchestre de Michel Brouillette. Il faut dire qu'on s'attardait énormément à la qualité musicale. Avec William Boéchat, un technicien, Michel obtenait des résultats étonnants. Cela ne gênait en rien le travail des chanteurs, bien au contraire, puisque la qualité du son mettait leur voix en valeur. Mais, pour monsieur la nouvelle vedette de Radio-Canada, c'était l'orchestre «la vedette»... Devant l'impossibilité de s'entendre, il fallut se séparer. Vous comprendrez pourquoi j'attache peu d'importance à un individu d'une telle envergure. D'ailleurs, j'ai toujours trouvé tellement ridicules les grincheux, les jaloux, les envieux, que j'ai presque appris à les aimer. Je me méfie beaucoup plus de ceux qui se disent mes amis. Des faits plutôt tristes vous prouveront que j'ai bougrement raison. Margot Lefebvre a toujours été une parfaite collaboratrice et, si elle a failli se laisser prendre au jeu des bougonnements de son partenaire, elle a su se reprendre et elle termina la saison de brillante façon.

Maurice et moi, nous cherchions toujours à avoir les vedettes qui donneraient à l'émission une certaine valeur. Par exemple, lorsque nous avons appris que Vic Damone était à Montréal et qu'il chantait dans une boîte de la rue Guy, qui fut pendant longtemps le temple des vedettes internationales, nous avons décidé d'aller le rencontrer, car aucun agent ne pouvait nous mettre en contact avec lui. Nous sommes arrivés en plein drame. Il venait d'apprendre que sa femme demandait le divorce. Avouez que ce n'est pas le moment de venir demander à un chanteur de participer à une émission qu'il ne connaît pas, dans un pays qui n'est pas le sien. Son spectacle nous a éblouis; rien ne paraissait de ses peines d'amour. Il savait ce que voulait la salle, il menait son tour de chant avec une force et une originalité rares. Lorsqu'il eut terminé, nous sommes montés à sa loge où il fut très correct, nous expliquant pour quelle raison il n'avait pas envie de participer à notre émission. Nous lui avons expliqué que la jeunesse d'ici serait tellement heureuse de le voir et de l'entendre. Finalement, très gentiment, il accepta et lorsqu'il chanta au «Club» il fut merveilleux. C'est ça un vrai professionnel. Pas de caprices, pas d'hésitations, pas de questions inutiles. Il en fut un peu différemment avec Connie Francis. Ce petit bout de femme nous a emballés, mais elle exigeait d'être accompagnée par son propre chef d'orchestre. Elle était un vrai paquet de nerfs. Nous avons aussi reçu Dalida. C'était vraiment un plaisir de travailler avec elle. Avec Maurice et les Paquette, Brouillette, Henriette, et quelques amis, nous sommes allés dîner ensemble. Je m'entendais très bien avec Dalida. Et durant le repas, paraît-il que je lui ai fait une cour un peu excessive. À tel point que, lors du dessert, la vedette choisit un parfait à la menthe. Pour ne pas la contrarier, j'ai commandé du parfait à la menthe pour tout le monde. Depuis ce jour, un parfait à la menthe est devenu, pour nous, un «Dalida»... Nous avons reçu Hugues Aufray, alors qu'il vivait à New York d'où nous l'avions fait venir. J'ai déjà raconté que je l'avais rencontré sur la Cinquième Avenue, alors qu'il faisait un froid terrible, vêtu uniquement d'un habit léger. Je sais qu'il a nié cela; mais j'ai un témoin et je vous assure que je n'ai rien inventé. Pourquoi les hommes, en général, ont-ils honte de ce qu'ils ont vécu? Je ne l'avais pas critiqué, mais au contraire je l'avais admiré. Souvent, comme ça, on n'est pas compris. Et une pensée qui peut être très belle devient trop souvent une faute. Je me souviens aussi d'Edmond Taillet, dit «la tortue». Il était charmant, sympathique, drôle. Qui aurait pu penser que c'était un trafiquant de drogues. Et pas un petit. Quand je l'ai appris, ce fut une de mes plus grandes surprises.

Et puis Jean-Paul Vignon, un beau gars, qui chantait très bien, mais qui était un emmerdeur de première. À la répétition, il énervait tout le monde. Ce diable de Jean-Paul avait réussi à séduire les New-Yorkais, pour ne pas dire les New-Yorkaises... Un soir j'eus la surprise d'apprendre qu'il allait paraître au «Ed Sullivan Show». Sullivan lui a fait une présentation sensationnelle, l'orchestre a attaqué, mon Jean-Paul est entré et... silence du gars. Il avait raté son départ. J'ai trouvé qu'il avait bien du courage, car il s'est excusé et il a demandé à l'orchestre de reprendre. Il a bien chanté, mais il n'apportait rien à l'Amérique, et sa carrière là-bas n'a pas eu de suites, du moins j'ignore ce qu'il est devenu. Le regretté Luis Mariano a participé au «Club». Le plus drôle, c'est qu'il avait enregistré un nouveau 45-tours à Paris juste avant de partir pour Montréal. J'avais reçu l'enregistrement de ce disque et nous lui avons fait la surprise de faire entendre sa nouveauté ici. Inutile de vous dire son étonnement.

Il y eut bien des aventures impliquant nos propres vedettes. Andrée Champagne parut à l'émission, à l'auditorium Saint-Laurent. Alors qu'elle interprétait une chanson, son sourire s'efface et elle tombe dans les pommes. Immédiatement l'orchestre attaque un air de danse et on fait danser les jeunes. Pendant ce temps, on court chercher du cognac ou de l'alcool et comme ni Jacques Normand, ni Claude Blanchard n'étaient là, je vous jure que nous avons dû courir bien loin pour trouver ce qu'il fallait. Les téléspectateurs ne peuvent imaginer ces drames qui se jouaient en direct. Maintenant, tout n'est que facilité. Si un artiste se trompe, on recommence. Petit bout par petit bout. On fait un montage ensuite. Vous vous demandez souvent pourquoi tout est froid, mécanique, alors que les images défilent absolument sans âme, sans coeur. On croirait que tout ce petit monde a perdu toute sensibilité. On nous sert des plats froids, sans condiments, sans goût. On débite des émissions, comme on débite du saucisson. Et allez hop, les enfants, ça tourne. Tant pis si les cuisses sont molles, si les yeux ont la froideur des yeux de poisson, si les bouches ont des sourires au chewing gum. S'il n'y a plus de risques, la chaleur humaine disparaît immédiatement. À cette époque, alors que les émissions avaient lieu en direct, les artistes jouissaient; maintenant ils calculent leur maigre cachet. À l'époque du «Club», il n'y avait aucune honte pour une vedette d'avouer qu'elle avait le trac. Tout le monde avait le trac: le réalisateur Maurice Dubois, Brouillette, le chef d'orchestre, Paquette, l'animateur, et votre humble serviteur. Notez bien que lorsque j'écris «humble», c'est un mensonge, autant le préciser tout de suite. Je suis très conscient de ce que j'ai fait dans le show-business à Montréal et je m'en vante, quitte à donner des varices à ceux qui lisent ces lignes. Depuis vingt ans, j'ai bousculé le monde du disque, j'ai remué une certaine section de la télévision, j'ai foutu en l'air pas mal de vieux principes de la radio, j'ai assaisonné le journalisme artistique et j'ai battu des records que mes pires ennemis cachent sous leur lit pour y penser le moins possible. J'ai connu de bons gars, mais j'ai fréquenté des cons et des crapules morales. Lorsque «Le Club des autographes» fut retiré du petit écran, on en fut avisé au mois de septembre, c'est-à-dire au début de la saison. C'était trop tard pour se trouver un autre emploi. C'était un coup vache. Mais ce qui m'a fait le plus mal, ce fut d'apprendre que la direction avait accepté qu'une partie de l'équipe du «Club» travaille sur une autre émission; mais il ne fallait pas que nous soyons à nouveau réunis. Entre parenthèses, ce système est stupide, mais il fait partie de la mentalité de certains messieurs de Radio-Canada. Et, pour garder sa place, un de ceux que je croyais être un de mes bons amis, m'a froidement laissé tomber, disant qu'il n'avait pas besoin de moi. Il oubliait simplement tout ce que je lui avais appris, ce qui lui avait permis de se faire bien voir à nouveau... Ça me laissa froid; j'ai perdu le «Club» mais j'ai été engagé pour faire le «Club des jnobs». Et de quelle façon...

Quel cirque, mes amis...

À cette époque, la société d'État se remuait un peu. Une grande idée avait germé dans le cerveau des gars de la section «Jeunesse»: on allait louer une tente et promener un cirque dans toute la province. L'idée était (et reste) formidable. Une autre aventure commençait. Comme toujours, on venait engager le «bulldozer», la brute puisqu'il fallait ouvrir les chemins. Et la tâche n'était pas facile. J'étais à nouveau script-conseil. Écrire les textes, ce n'était pas difficile, mais trouver les numéros de cirque, en collaboration avec le service du personnel, c'était un travail de géant. Car il fallait trouver six numéros par semaine durant les quatre mois de la saison d'été. Et les éléphants, les lions, les acrobates, les clowns, tout venait des États-Unis. Imaginez-vous ce que cela représentait lorsque nous étions à Rimouski? C'était fantastique de voir arriver les roulottes, les cages, tout le matériel des artistes. Nous avons connu un drame en revenant de Rimouski, alors qu'un éléphant fut tué au cours d'un accident. Mais nous avons souvent frôlé des catastrophes et il fallait un garde-chiourme de mon espèce pour arriver à contrôler une troupe courageuse, mais difficile.

Notre premier problème fut la dimension de la tente. Elle était trop petite et ne possédait qu'une seule piste.

Pendant qu'on filmait un numéro sur une moitié de la piste, les machinistes montaient les accessoires du numéro suivant sur l'autre moitié... Les caméramen et les réalisateurs faisaient des prouesses pour ne montrer que l'attraction en cours sans rien dévoiler du travail des machinistes. Nous avons connu des moments extrêmement périlleux. L'année suivante nous disposions d'une tente plus grande, mais toujours une seule piste. C'est ainsi qu'un jour, j'arrive à Sherbrooke où était monté notre chapiteau. J'avais dû, ce matin-là, me débrouiller pour dédouaner un numéro de fauves. Et j'arrivais alors qu'une première répétition avait déjà eu lieu. En allant voir les cages, je vis soudain des ours. Ils étaient trois et je les reconnus. Car, si les gens du cirque sont très courageux, ils sont aussi très astucieux. Lorsqu'on nous propose des numéros, d'ours dressés en particulier, les dompteurs portent un nom différent chaque fois. Vous croyez donc dénicher des attractions nouvelles alors que ce sont les mêmes artistes, avec d'autres costumes, qui se présentent. Je reconnais donc ces ours et je me souviens que l'année précédente, nous avions dû monter une estrade à l'extérieur de la tente car ces ours étaient très dangereux. Je demandai aux machinistes si l'on avait prévu un plancher à l'extérieur pour ce numéro. On me répondit non et on me dit que, le matin, au cours de la répétition, il y avait eu des problèmes avec ces animaux. Je vis le réalisateur, Pierre Desjardins, et je lui dis qu'il fallait absolument construire un plancher pour ces animaux, le plus loin possible de la tente. Devant le peu d'empressement du réalisateur, qui ne semblait pas comprendre le danger qu'un tel numéro représentait, au moment du spectacle, pour les quelque mille enfants qui s'entassaient à l'intérieur, devant cet entêtement je pris la décision de faire monter ce fameux plancher loin de la tente. Dieu merci, j'avais vu juste. Au cours de l'émission, un des ours, le plus mauvais, s'échappe et se dirige vers l'entrée de la tente.

Son dompteur avait beau le retenir par une chaîne, l'ours déchaîné fonçait. Il traînait son dompteur et la caméra a suivi cette course de l'ours traînant son dompteur vers la tente. L'affolement commençait à s'emparer de ceux qui assistaient à cette lutte de l'homme pour essayer de contenir l'animal. Heureusement que le chemin était long avant d'arriver parmi les jeunes spectateurs. L'ours se fatiguait et l'assistant du dompteur parvint à faire arrêter l'animal juste à l'entrée de la tente. Le drame avait été évité. Imaginez que ce numéro ait été présenté à l'intérieur et que cet ours se soit précipité vers les gradins. Je préfère ne pas imaginer ce qui se serait produit. Je savais que le réalisateur n'avait pas du tout apprécié que je prenne la décision, le matin, de faire travailler ces ours à l'extérieur; son orgueil de réalisateur avait été froissé. Même après l'émission, le calme revenu et la catastrophe évitée, je savais que monsieur Pierre Desjardins n'appréciait pas l'autorité que j'avais. D'ailleurs j'ai travaillé avec le même Desjardins lors d'une émission de variétés pour la jeunesse et il détestait travailler avec moi. Son orgueil ne souffrait pas que l'on puisse lui apprendre quelque chose.

En une autre occasion, à Granby, nous avons dû faire monter la cage des lions à l'extérieur de la tente. Je vous jure que les fauves, lions, tigres et panthères noires étaient magnifiquement beaux, mais énormes. Des fauves bien nourris. J'allai trouver le dompteur, un immense gaillard, au visage énorme, orné d'une moustache agressive. Je lui expliquai que nous allions répéter. Il refusa carrément. «Jamais je ne ferai travailler mes bêtes avant le spectacle.» Je lui expliquai qu'il était nécessaire pour les caméramen de voir son numéro. «Non, jamais!» Et le gaillard me regarde de toute sa hauteur; il croyait m'intimider. Alors je l'emmène au téléphone et j'appelle New York. J'explique à son agent que le dompteur refuse de répéter et que, pourtant, cette exigence est inscrite dans son contrat. Je remets l'appareil au dresseur de lions et il devient tout petit, car l'agent lui signifie qu'il doit répéter. Raccrochant l'appareil, il me décoche un regard vindicatif et me dit: «O.K.» Mais il était écrit que j'allais avoir d'autres problèmes avec ce phénomène. Comme la cage était montée à l'extérieur, j'étais à la merci de la température. Et, de fait, il se mit à pleuvoir un peu. Mon sacré dompteur bondit comme une balle et me fonce dessus: «Avec la pluie, je ne sors pas mes animaux.» Vous auriez vu l'air radieux de cette brute. Lui qui ne voulait pas répéter, la nature venait lui donner une bonne raison de refuser. Immédiatement je demande que l'on trouve une bâche, afin de couvrir entièrement la cage. Ainsi le monsieur n'aurait plus d'excuses. Les machinistes étaient extraordinaires. Peu de temps après, on avait la bâche et ils commençaient à l'installer. Quand le dompteur a vu ça, il comprit qu'il n'aurait pas le dernier mot, et il est venu vers moi en me disant que ce n'était pas la peine de poser la bâche, qu'il allait faire travailler ses fauves. Puis, avec un grand sourire, il me tendit la main. Le dompteur était dompté; à tel point que nous avons poussé les choses très loin. Il y avait longtemps que nous voulions installer une vitre entre quelques barreaux de la cage afin d'avoir une caméra qui pourrait filmer les bêtes comme si elle se trouvait à l'intérieur. Plusieurs dompteurs avaient refusé, disant que les fauves s'affoleraient à la vue de cette vitre et qu'ils pourraient devenir dangereux. J'expliquai à mon géant souriant que les autres dompteurs avaient peur que l'on installe cette vitre. Par orgueil, il accepta. «Moi, je suis le maître des lions, des tigres; je n'ai pas peur d'eux.» Les machinistes arrivèrent à fixer une vitre énorme et nous eûmes des images sensationnelles. Finalement notre dompteur nous fit une démonstration extraordinaire. Ce fut un des plus beaux numéros que j'ai jamais vus. Au cours des saisons passées sous la tente, nous avons connu des hommes étonnants, surtout parmi ceux qui entraient dans la cage aux fauves. Lorsqu'on voit les bêtes de près, on comprend l'énergie et la force que ces hommes doivent avoir.

J'ai d'ailleurs conservé une grande admiration pour tous ces gens du cirque. Ils ont une discipline que je respecte. Quand un chanteur fait une fausse note, ce n'est pas grave; mais quand un acrobate fait une faute, il se tue. C'est déjà toute une différence entre les gens du cirque et les gens du music-hall. J'ai connu bien des sensations fortes au cours de «Caravane». Toujours à cause de la petitesse de la tente, nous avions dû installer le trapèze à l'extérieur. Lors de la répétition, tout alla bien. Ce numéro de trapéziste était vraiment dangereux. Hommes et femmes travaillaient avec une sincérité merveilleuse et leur numéro était périlleux. Pourtant ils avaient constamment le sourire. Pour cette émission, nous étions également en direct. Dès le signal du départ, nous ne pouvions plus rien arrêter. Et, ce jour-là, alors que l'émission commençait, la pluie se mit à tomber. Les accessoires étaient trempés et le moment du spectacle des trapézistes approchait. J'étais là, dehors, regardant cette pluie cruelle, et j'avais le coeur qui commençait à se serrer. Je savais quelle décision j'allais prendre. Je savais ce que pensaient les responsables du spectacle. J'imaginais le réalisateur, la script, le directeur technique dans le camion de réalisation. Et les yeux de tous ceux qui étaient à l'extérieur, déjà prêts pour ce numéro, étaient braqués sur moi. Le chef des trapézistes vint vers moi et il me demanda très gentiment ce qu'ils allaient faire. Je répondis: «Vous faites votre numéro... on ne peut faire autrement.» Sans mot dire, il se dirigea vers la corde qui leur permettait de monter. Et tous commencèrent leur danse dans le ciel. À chaque seconde j'avais peur que la pluie ne fasse glisser leurs mains quand elles se rencontraient. Durant les dix minutes du numéro, j'ai vécu mille morts. J'étais seul, devinant les pensées de plusieurs membres de l'équipe technique. J'étais seul devant cette responsabilité que quelqu'un devait bien prendre. Personne ne peut ressentir ce que j'avais dans le ventre; des coups de poing qui me trituraient les tripes. Mais je devais rester impassible. Lorsque le numéro prit fin, sans incident, je dis: «Merci, mon Dieu.» Mais personne n'entendit ces mots. Faire son métier d'homme, ce n'est pas facile. Au fond de moi, je savais que j'avais bon coeur, mais les autres me prenaient pour une vache. Comment les blâmer? Il aurait fallu qu'ils comprennent mon métier à ma façon. Il aurait fallu qu'ils acceptent de voir que j'étais aussi dur pour moi que pour les autres.

J'ai une autre fois connu ces battements de coeur, alors qu'un funambule avait dû installer le câble à soixante pieds du sol. Ce jour-là aussi la pluie vint troubler l'émission. L'artiste s'approcha de moi, me regarda sans rien dire. Je ne parlais pas, je lui fis simplement signe qu'il montait. Il eut alors un petit sourire et, simplement, se déchaussa. «Ça glissera moins comme ça», me dit-il. Et il se dirigea vers la corde qui l'emmenait vers le ciel et peut-être, vers la chute. Croyez-moi, dix minutes, c'est long, terriblement long. Tu regardes ce petit bonhomme courageux, là-haut, sur un fil, et tu as l'impression que le ciel va te tomber sur la tête. Les flonflons de l'orchestre te parviennent, joyeux, brillants, et tes pensées sont infiniment tristes, noires. Allez donc expliquer ça, allez donc dire ce que vous ressentez... Personne ne vous croira. Alors on se replie dans son silence... Un silence lourd à porter.

Je supportais bien des choses, mais il y eut un numéro qui m'a absolument levé le coeur. D'ailleurs, je ne l'ai présenté qu'une fois. Il s'agissait d'un lanceur de couteaux. L'homme m'apparaissait comme une brute inconsciente et la femme une esclave indifférente. Dès la répétition, je décidai de ne plus jamais mettre un tel numéro au programme. J'étais placé tout près, et je voyais que cette femme, cette cible, cet être faible avait peur. Les couteaux utilisés sont vraiment très dangereux et un geste maladroit de l'homme peut provoquer un accident grave. D'ailleurs cette femme avait des cicatrices au cou et aux épaules, provoquées par des couteaux qui l'avaient effleurée.

Quant aux clowns, je n'ai jamais vu des gens aussi tristes. Ils ne s'animent que lorsqu'ils entrent sur la piste. Vous ne me croirez peut-être pas si je vous dis que les bons clowns sont extrêmement rares, mais c'est ce que nous avions le plus de mal à trouver.

Lors de la quatrième saison, je me suis battu pour obtenir deux pistes. Une fois l'autorisation et le budget obtenus, le décorateur fit les plans afin de faire construire des planchers démontables. Je tenais énormément à ces planchers en forme de piste et je voulais qu'il y eût un tapis fixé dessus. J'avoue que j'étais considéré comme un maniaque, mais heureusement, le réalisateur en chef de la série, Maurice Dubois, m'appuyait. La bataille ne fut pas facile, mais finalement nous avons obtenu ces pistes qui allaient nous permettre de travailler proprement.

C'est à Arvida qu'eut lieu la première émission. La guerre avec la bureaucratie pour obtenir nos pistes en bois se transformait soudain en bataille rangée avec les machinistes. Il était neuf heures du soir, nous étions au restaurant, la tente avait été montée et tout indiquait que nous serions prêts pour la répétition le lendemain matin. Soudain, catastrophe! Le réalisateur surgit: «Les machinistes ne veulent pas monter les planchers... Ils disent que c'est inutile, que c'est un travail qui n'apportera rien.» Je ne dis rien sur le moment. Tant d'efforts pour que des gars viennent décider tout d'un coup qu'ils ne voulaient pas monter les planchers... Je me levai, quittai le restaurant et montai dans ma voiture. Je filai directement à la tente. Quand les gars m'ont vu entrer, ils savaient, à mon visage, que je venais défendre mes pistes. «Qu'est-ce qu'il y a, les gars? Les planchers sont mal faits? C'est difficile à placer?» Tous m'entourèrent. «On a essayé, mais vous voyez bien que les planchers ne tiennent pas droit sur le sol qui n'est pas uni.» — «Eh bien, mettez du sable. Une bonne épaisseur de sable et vous pourrez poser vos planches facilement et cela ne gondolera pas. Allons, les gars, un effort... Je suis responsable de la dépense de 5 000$ pour construire ces planchers, et on ne s'en servirait pas? Vous l'aimez, votre cirque, et vous avez toujours travaillé d'une façon formidable... Alors, on essaie?» Les hommes furent séduits par l'idée de mettre du sable. Et c'est vrai qu'ils l'aimaient, leur cirque. «O.K., on va essayer.» Ils se mirent à l'oeuvre, firent livrer du sable pour l'étendre par terre et placer les planchers. Mais j'en ai entendu des commentaires pendant que j'étais là. «Jamais les chevaux ne monteront sur cette piste en bois.» Un autre gars venait me trouver: «Vous savez, m'sieur Matti, les éléphants c'est méfiant et ils ne monteront pas sur ces pistes...» J'allai enfin me coucher alors que les pistes étaient presque terminées. J'étais content, tout était beau, impeccable. Mais toute la nuit j'eus du mal à dormir; je pensais à la répétition du matin alors que, justement, nous avions un numéro d'éléphants et un autre de chevaux. Je voyais ces animaux reculer et refuser de pénétrer sur la piste. Je me disais: «Et si c'était vrai que je me sois trompé et que les animaux refusent de faire leur numéro sur mes planchers?» Le matin, je vous jure que j'étais de bonne heure sous la tente. Tout le monde me regardait. Il fallait que je prenne mon air le plus dégagé, le plus indifférent. Les machinistes attendaient le début de la répétition. C'était la minute de vérité. C'est le cheval qui fut amené le premier. Son dresseur lui fit renifler le tapis, et je vis que le cheval hésitait. Je me disais: «Monte sur la piste, monte...» Mes oeufs se transformaient en omelette dans mon estomac. J'avais les nerfs tendus. Puis, le cheval, doucement, avec d'infinies précautions, entra sur la piste. Il fit le tour tranquillement et son dresseur eut un large sourire. Moi aussi. Mais les machinistes, un peu confus, ne lâchaient pas. Un des plus acharnés s'approcha de moi. «Un cheval, ça va encore, mais les éléphants, il n'y a rien de plus méfiant... Vous allez voir tout à l'heure. Ils n'iront pas sur la piste...» Oui, il y avait encore ces grosses bébêtes, ces énormes éléphants. Allaient-ils gâcher ma joie? On répéta un ou deux numéros, puis ce fut l'arrivée des mastodontes. Cette fois il n'y avait pas de rémission. Tout s'écroulerait ou je gagnais mon point. Mon Dieu, qu'ils étaient lents. Et cette trompe constamment au sol en train de renifler. Cela dura facilement dix minutes. C'est vrai que c'est curieux et méfiant un éléphant. Fouillant le sol de la trompe, hésitant, ils étaient en train de me tremper dans un bain d'eau bouillante. Je voyais apparaître de petits sourires sur certains visages. Non, ce n'était pas possible, ils allaient pénétrer sur la piste. Je le voulais de toutes mes forces. Et soudain, tranquillement, le chef de file posa sa grosse patte sur le tapis, puis l'animal avança lentement. Il fit le tour de la piste en tâtant partout de sa trompe. Finalement il releva la trompe et prit une allure plus dégagée; les autres suivirent immédiatement. Et le dompteur commença la répétition de son numéro. J'avais gagné. Il n'y avait plus de problèmes pour l'avenir. D'ailleurs je dois reconnaître que les machinistes ont été plus que corrects; ils sont venus me dire «bravo» et ils reconnurent que j'avais eu raison. Je vous le dis, des gars formidables. Et la saison «Caravane» se déroula parfaitement. L'année suivante, je n'étais plus à l'emploi de Radio-Canada. Probablement parce que j'avais trop travaillé avec le canal 10, ou bien alors pour des raisons assez sordides que jamais personne n'a pu ni voulu me dévoiler. Par la suite, comme c'était trop difficile de s'occuper de lions, de clowns, d'acrobates, et que je n'étais plus là pour le faire, on promena la tente mais pour y présenter des chansonniers. Évidemment c'est beaucoup plus facile à manier, mais ça ne répondait plus à rien. Et bientôt, on comprit qu'un chapiteau sans cirque, ça ne rimait à rien. Et on rangea la tente aux oubliettes...

La grande guerre du canal 10

M'occupant beaucoup de chansons, de musique, je représentais la maison Paul Beuscher de Paris. Les plus grands succès de la chanson appartenaient à cette maison d'éditions. Tout ce qui était chanson intéressait au plus haut point Robert L'Herbier. C'est pourquoi il était entré en contact avec moi et nous étions devenus deux bons amis. Lorsque Radio-Canada mit fin à sa participation au concours de la chanson canadienne, L'Herbier et moi pensâmes monter, en collaboration avec Rosaire Archambault, une affaire de droits d'auteurs et d'édition. Nous en discutions depuis des semaines lorsqu'un jour, Robert nous dit: «Malheureusement, je ne pourrai pas continuer avec vous... Il m'arrive quelque chose dont je ne peux vous parler en ce moment... mais vous saurez tout bientôt.» Ce que nous devions apprendre, c'était la naissance de Télé-Métropole où Robert L'Herbier avait un ami extraordinaire, monsieur Alexandre De Sève. Je suivis avec beaucoup d'intérêt la mise sur pied de cette chaîne de télévision. Tout n'était pas facile et les débuts ont été une aventure incroyable. Peu de jours avant l'inauguration, je fus convoqué officiellement et reçu par Roland Giguère. Il m'offrit le poste de scripteur en chef. Mais voilà, il y avait un petit problème: on ne disposait pas de beaucoup d'argent. Monsieur Roland Giguère me proposa la fabuleuse somme de cent quarante dollars par semaine. Je suis joueur et de plus j'avais de l'amitié pour L'Herbier. Alors que je risquais de perdre les dollars de Radio-Canada, j'acceptai la proposition de ces messieurs. Je commençai mon travail. Mon bureau était situé près de celui de L'Herbier, dans la pièce qui allait devenir l'antichambre du directeur de la programmation. Car, au début, c'était Jean-Paul Ladouceur qui occupait ce poste, mais rapidement L'Herbier occupa et le poste et les locaux. Quant à moi, je ne restai pas longtemps scripteur en chef. Roland Giguère me fit venir à son bureau: «Jacques, je ne peux continuer sur les bases dont nous avons discuté... Je ne peux vraiment pas vous assurer 140$ par semaine, mais nous vous paierons au texte.» Je n'avais occupé la position qu'une semaine. Pourtant, peu de temps après, j'avais la responsabilité de treize émissions par semaine au canal 10. Ce qui me valait le salaire incroyable de 300$ pour passer ma vie dans les studios du 10. J'écrivais les textes, je trouvais les titres des séries et je devais veiller à beaucoup de choses sur les plateaux. On a longtemps écrit ou pensé que j'étais l'enfant gâté du 10. Mais ce qu'on ne sait pas, c'est que j'ai donné des projets et des titres dont on s'est servi par la suite. C'est ainsi que j'ai eu la surprise de ma vie lorsque j'ai connu le titre de la première émission importante de Télé-Métropole. Il s'agissait de «10 sur 10». J'avais retenu ce titre pour une série que je devais faire; mais ce titre a plu, alors certains messieurs l'ont pris sans même m'en parler. Incroyable aussi que je n'aie jamais été payé pour la série «Découvertes» où j'ai participé au décor, à la conception; je n'ai jamais été invité, même une seule fois, à faire partie du jury, alors que j'avais tout créé dans cette affaire. J'avais soumis le projet d'un impresario qui donnait des nouvelles de tout ce qui se passait dans le métier; c'est devenu «Toute la ville en parle»... Plus tard, j'ai proposé «Indiscrétions d'une caméra» en précisant bien que je voulais, dans cette série, aller chez des vedettes et présenter leur vie, leurs souvenirs, en montrant les objets, les peintures, les meubles et leur histoire. J'ai eu le grand honneur de voir cette émission, sans que je touche un sou et que j'y participe. Un soir, au cours d'un gala de music-hall, je dis à L'Herbier: «On devrait faire une émission de disc-jockey d'une heure. Ce serait merveilleux pour les artistes et le disque québécois. Et puis ce ne serait pas cher. Un disc-jockey, qui, comme à la radio, pourrait raconter des anecdotes sur les vedettes.» L'Herbier me dit que c'était une bonne idée, et qu'il m'en reparlerait. Quelques semaines plus tard, alors que je discutais avec Jean Morin et le réalisateur Péloquin de l'émission «Le diseur du soir», je reçus un appel de Robert. Il m'apprit qu'on allait réaliser mon idée de disc-jockey. L'émission serait diffusée le matin et il m'en confiait l'animation. «Ça ne paie pas beaucoup mais ça durera longtemps.» J'acceptai. Les jours passaient et rien ne se produisait. Un beau matin je vis et j'entendis l'émission que j'avais proposée. Personne ne m'en avait plus rien dit; rien, le silence le plus complet. Et ce style d'émission a duré de nombreuses années sans que, jamais, je touche un sou. On a souvent changé d'animateur, mais jamais je n'ai été choisi... En vérité, je vous le dis, j'étais un enfant gâté... J'ai donné du temps et des idées. Combien de fois m'a-t-on consulté: «Qu'est-ce que tu ferais cette année? as-tu des idées nouvelles?» Et j'en donnais, et je pondais des idées comme une vieille poule suralimentée. Je peux avouer que les six premières années du 10 m'ont siphonné un maximum d'idées. Notamment, ces fameux «remplissages» qui bouchaient d'une façon agréable les minutes perdues entre les émissions. J'en avais eu l'idée et j'avais même fait des démarches auprès de l'Union des Artistes afin que le 10 n'ait pas à payer de droits à chaque présentation de ces chansons où les vedettes mettaient ainsi en valeur leur disque. C'était et c'est toujours considéré comme une promotion pour les chanteurs, mais il fallait qu'une loi de l'Union le permette. On a pu voir et entendre «La faute à la bossa nova» avec Margot Lefebvre, et bien d'autres chansons. Naturellement on m'a accusé de favoriser la maison de disques Trans-Canada. Évidemment j'ai davantage fabriqué de petits films avec des vedettes de cette compagnie, parce que celle-ci mettait à ma disposition tout le matériel nécessaire, de même que toutes les plus grosses vedettes. Je n'ai jamais vu, à cette époque-là, un représentant de maison de disques venir me trouver afin de me proposer un artiste. À leurs yeux, je travaillais pour Trans-Canada (ce qui est vrai) mais ils n'ont pas pensé une seconde que je pouvais faire mon métier honnêtement; ce qui illustre leur mentalité. Le disque québécois était à ce moment-là au maximum de son rendement. Les producteurs se battaient avec acharnement. Chaque fois que je prenais l'avion pour Paris, Yvan Dufresne se dépêchait de rejoindre la capitale française. C'est lui-même qui me l'a dit. Il se disait: «Qu'est-ce que Matti va faire là-bas?» Et il sautait dans le premier avion. À cette époque j'ai réussi le tour de force de représenter, au Canada, deux maisons de disques françaises qui se faisaient une terrible concurrence. D'abord j'ai eu les disques Vogue, puis les disques Barclay et enfin les disques Riviera. Ce fut l'époque des grands succès de Pétula Clark, de Charles Aznavour. Depuis, avez-vous connu des «succès» de ces vedettes? Donc j'avais prouvé que l'on peut s'occuper de deux maisons concurrentes et leur donner à chacune des succès, des résultats. Mais je reviendrai sur l'histoire du disque au Québec, sur des chiffres de vente qu'ont révélés certains artistes. Vous constaterez que ces pauvres artistes se font des illusions sur leur valeur et, surtout qu'ils ont essayé, parfois, de diminuer la valeur des efforts que l'on avait faits pour eux. C'est tellement plus facile de chialer que de remercier. L'ingratitude est le péché mignon de la gent artistique. Sauf quelques exceptions. Un Serge Laprade est un gentleman qui a toujours eu l'honnêteté d'avouer ce qu'il me devait sur le plan professionnel. Par contre, je vous rappellerai comment Réal Giguère m'a remercié d'avoir perdu des milliers de dollars pour lui faire enregistrer des disques qui n'ont pas été vendus... Sans parler des frais engagés, à fonds perdus, pour enregistrer la musique du film «Caïn»... Encore des milliers de dollars. Payés par «Dinamic», mais sous ma responsabilité. Enfin, nous verrons cela plus tard.

Donc, je pense avoir fait plus que ma part au canal 10. Je vois la réaction de certains personnages du 10 et j'en entends qui disent: «Il a du culot, Matti, après tout ce qu'on a fait pour lui.» Ici, il faut que je précise une chose bougrement importante. J'avais une maison de disques, «Fantastic», et je crois bien avoir fait autant que n'importe qui pour favoriser l'essor des vedettes canadiennes. Un jour, j'ai eu des problèmes financiers, pour des raisons que je vous confierai probablement. À cette époque monsieur Alexandre De Sève avait eu l'idée d'incorporer ma société de disques à son affaire du 10. Il y eut de nombreuses discussions. Et tous étaient d'accord; il y a encore des documents photographiques montrant monsieur Roland Giguère en compagnie de monsieur Barclay et de moi-même. Robert L'Herbier était là également et tout ça avait paru dans *Échos-Vedettes*, entre autres. On annonçait, au cours d'un cocktail organisé par mes soins dans les locaux de l'ambassade française, l'achat des disques «Fantastic» avec toute son équipe, par le canal 10. Mais rien ne se fit. Bien des personnes du 10 voyaient d'un mauvais oeil l'amitié qu'avait monsieur De Sève pour moi, et mon arrivée au milieu de la famille provoquait des réactions négatives pour ne pas dire inamicales. Monsieur De Sève me dit un jour: «Ils ne veulent pas... Ils font tout pour que ça ne marche pas... mais nous y arriverons.» Pourtant, ils ont réussi. Et mes finances foutaient le camp.

Un jour, je fus obligé, pour maintenir ma maison de disques, de prendre rendez-vous avec monsieur De Sève. Il me reçut immédiatement. Je lui expliquai où j'en étais. Il me regarda bien en face et me dit: «Combien?» Il me fallait d'urgence la somme de 10 000$. Nous prîmes un arrangement bien plus amical que d'affaire et le comptable du canal 10 me remit un chèque de 10 000$ qui me permit de continuer mon travail. Mais, malgré mes efforts ahurissants, mes poches se vidaient parce qu'il y avait un trou quelque part et que je ne savais pas que cela pouvait exister. De plus, le public est capricieux (ce qui est son droit) et une vedette qui vendait des disques à la pelle, devint soudain, d'une façon provoquée peut-être, une vedette ignorée. Je perdais ainsi des revenus très importants. Un beau matin, mon comptable entra dans mon bureau pour m'annoncer qu'il y avait des paiements à faire et que les rentrées ne permettaient pas de survivre. J'hésitai longtemps, mais il me fallait prendre une décision. Je téléphonai à monsieur De Sève, au canal 10. On me répondit qu'il se reposait chez lui. Je dis que c'était Jacques Matti qui l'appelait et que c'était urgent. La secrétaire me répondit qu'il allait sûrement appeler et qu'elle lui ferait part de mon coup de téléphone. Une heure après, monsieur De Sève m'appelait: «Qu'est-ce qu'il y a qui ne va pas?» «Je suis encore dans le trou.» Après une légère hésitation, il me dit: «Combien?» Je me lançai: «15 000$.» Il y eut un silence. Puis: «15 000... Tu m'en dois déjà 10 000... Bon... Je vais voir ce que je peux faire... Je te rappelle...» Eh bien, n'en déplaise à certains, monsieur De Sève me rappela quinze minutes après et me dit: «Va au canal 10 et vois monsieur Trudeau, le chef comptable, et travaille bien.» Je me rendis au bureau de monsieur Trudeau où m'attendait un chèque de 15 000$. Je ne peux expliquer ce que je ressentais. Ce geste était fait avec tant de simplicité, tant de compréhension et d'amitié. Et dire qu'il y a des gens qui ont bénéficié de son amitié et qui parlaient de «paternalisme». C'était papa De Sève, et profondément. Nous avons tous beaucoup perdu quand il est mort. D'ailleurs, il y a une personne très importante de la direction du 10, qui m'a dit un jour, alors que papa De Sève était disparu: «Le 10 n'est plus le même. Avant, c'était un coeur qui le dirigeait. Maintenant, c'est un conseil d'administration...» Donc, c'est monsieur De Sève qui m'a aidé, mais certainement pas le canal 10. Alors, messieurs, ne pensez pas que vous m'avez gâté. Au contraire, certains ont essayé de me faire beaucoup de mal. Heureusement que j'ai la peau dure. Beaucoup de gens, particulièrement dans le métier, se sont demandé ce qui s'est produit entre la direction du 10 et moi. Simplement ceci: alors que j'allais entrer en ondes au cours de «Bon dimanche», le réalisateur, Jean-Louis Sueur, s'approcha de moi et me dit: «Là-haut, ils m'ont demandé de te dire de ne plus faire de commentaires... Lis les nouvelles, sans plus...» Ce conseil autoritaire venait de «là-haut». C'est-à-dire de la direction. Mon sang n'a fait qu'un tour. Jamais je n'avais subi de censure, et j'avais toujours exprimé ma pensée librement. Soudain on voulait me mettre une muselière. Au cours de l'émission, je me suis laissé aller à mes sentiments et j'ai dit «pas de commentaires... qu'est-ce que je fais ici?...» Et j'ai eu plusieurs mots à propos de cette interdiction de donner mon opinion. Cela se passait un dimanche. Le lundi matin, je reçus un coup de fil du réalisateur de «Vedettes Vérité». L'homme était décontenancé: «Monsieur L'Herbier vient de me téléphoner; vous n'êtes plus l'animateur de «Vedettes Vérité». Et il ajouta: «Je ne comprends pas... L'émission allait si bien et les dernières cotes d'écoute viennent de paraître. Nous sommes 26e avec 635 000 foyers... Vraiment, je ne comprends pas.» J'appris bientôt la vérité: le charmant Jean Paquin, à ce moment-là directeur de la programmation du 10, c'est-à-dire homme-à-tout-faire, était arrivé le lundi matin dans le bureau de L'Herbier et, ravi, avait dit: «Avez-vous vu Matti hier à «Bon dimanche»? Terrible. On ne peut laisser passer ça.» Et monsieur L'Herbier avait demandé à voir l'enregistrement. Après visionnement, il fut déclaré: «Dehors. C'est de l'indiscipline.» D'où mon renvoi de «Vedettes Vérité». Le mardi, ce fut le tour de Sueur de me téléphoner pour m'annoncer que je n'avais plus de rubrique à «Bon dimanche»... L'orgueil du 10 était en jeu. On voulait montrer qu'on avait de la poigne. Cela se compliquait d'autre chose: les bonnes langues sales du métier répétaient partout que l'on ne savait pas ce qu'il y avait entre Robert L'Herbier et moi, qu'il me protégeait. Alors ce pauvre Robert, malgré ou à cause de notre amitié, devait réagir violemment. Ce qu'il fit. Mais mon départ n'eut pas lieu avant trois mois. Un jour, je reçus une lettre de renvoi signée par Jean Paquin. Immédiatement j'allai voir mon avocat, qui était déjà au courant de ce que nous allions faire. Et les procédures commencèrent. Je ne voulais qu'une chose: protéger mes droits sur «Vedettes Vérité». En effet, j'avais appris que le 10 avait déjà enregistré plusieurs émissions avec André Robert comme animateur. D'autre part monsieur Paquin avait commis une faute légale et j'avais à réclamer un arrérage. Nous ne sommes jamais allés en cours parce que, quatre jours après avoir reçu l'avis de mon avocat, les avocats du 10 proposaient un arrangement à l'amiable. Je touchai l'argent et les émissions enregistrées par l'ami André Robert furent détruites. J'avais gagné mon point mais certains dirigeants de Télé-Métropole ne m'ont jamais pardonné de leur avoir tenu tête. Je suis barré dans ce poste de télévision. Mais j'avoue que leur attitude me paraît tellement enfantine que c'est moi qui m'amuse. Malgré leur obstination féroce à refuser ma présence à leur antenne, je me trouve beaucoup plus intelligent qu'eux. Ils devraient être grands, matures, mais ils s'entêtent comme des enfants. La télévision ne m'a pas manqué, du point de vue financier. S'ils croyaient que l'on ne peut pas vivre sans eux, ils se sont trompés gaillardement. On s'habitue très bien à se passer de travailler pour la télévision, surtout lorsqu'on possède plusieurs métiers. On peut vivre magnifiquement sans mendier de menus dollars à ces messieurs. Moi, je me souviens avec sympathie de l'époque où le canal 10 ne fonctionnait pas tellement bien. La première année a été plus que difficile et je songe aux soirées que l'on passait, Roland Giguère, Robert L'Herbier et moi, alors que Roland voulait se changer les idées. Qui aurait cru à ce moment que certains seraient capables d'agir avec aussi peu de coeur et d'amitié? Franchement, je ne le croyais pas. Une fois de plus, si monsieur De Sève n'avait pas été là, il n'y aurait plus eu de Télé-Métropole. C'est lui qui a remis des dollars dans l'affaire, sinon, tout risquait de s'écrouler. Brave monsieur De Sève, je vous revois dans votre maison de Lanoraie; nous étions là, avec le service commercial du 10 et la direction. Nous discutions de ce qu'il fallait envisager pour l'avenir. On parlait de l'achat de caméras-couleurs car Alexandre De Sève croyait avant tout en la couleur. À un moment donné, il m'a conduit dans une autre pièce et, loin des autres, il m'a montré son livret bancaire. Le chiffre que j'ai vu m'a fait chavirer. Mais l'homme avait l'air heureux d'un enfant qui révèle une cachette. Ayant connu les débuts du 10, ses difficultés, ses problèmes humains, je trouve bien prétentieux certains dirigeants actuels qui se prennent pour le nombril du monde. Pourtant je dois dire, et sans aucun intérêt, que je regrette l'amitié qui existait entre L'Herbier et moi. J'ai rencontré Robert à plusieurs reprises depuis ce temps, et nous avons bavardé avec un peu de nostalgie. Il ne m'en veut pas, je ne lui en veux pas, mais il est pris dans un engrenage et il ne peut agir à sa guise. Pourtant j'ai su qu'il avait essayé d'empêcher mon retour à la radio. Je me suis toujours demandé pourquoi... À quoi cela pouvait-il le mener? Mais je ne lui en veux pas. Il est tellement mal entouré.

L'homme qui fut le plus dur durant son règne, à cette époque, fut, selon moi, Jean Paquin. Ancienne vedette de la chanson, il était peut-être aigri et peut-être jaloux. Il semblait, sous des dehors mielleux, détester tout le monde. Et le rôle qu'il jouait auprès de L'Herbier n'était pas brillant. Critiquant l'un, critiquant l'autre. Il suivait le vent et ménageait sa carrière en flattant les gens dans le sens du poil. Tantôt il défendait André Robert, tantôt il se réjouissait de lui prouver qu'il n'était pas seul animateur. On aurait dit qu'il éprouvait de la joie à coincer un individu. Alors qu'il était réalisateur de l'émission «De un à dix» animée par Serge Laprade, j'ai vu à quel point il était faible. C'était un rêveur et un beau parleur; il pouvait passer des nuits à discuter. Il était resté le chanteur de charme qui ne charmait plus. Hélène Fontayne, qui était co-animatrice de l'émission avec Serge Laprade, a écrit un papier dans *Échos-Vedettes* qui correspondait parfaitement à la réalité. Jamais Paquin ne lui a pardonné et le 10 s'est fait un point d'honneur de ne jamais engager Fontayne, parce qu'elle avait osé raconter ce qui s'était passé sur ses plateaux. Après tout ce que j'ai dit sur lui, il a peut-être changé et je le souhaite de tout mon coeur, car dans le fond, c'était un garçon intelligent.

Curieux comme une chatte, qu'il était aussi, ce délicieux Paquin. Nous avions déjeuné, L'Herbier, Paquin et moi, chez Desjardins. À l'époque, CJMS avait déposé une demande pour exploiter une station de télévision. Et, comme ils disposaient des fonds et d'une préparation très poussée, la direction de Civitas cherchait des personnes à qui confier les responsabilités. Nous avions dîné au Café Martin, monsieur Ed Prévost, Frenchie Jarraud, Hélène

Fontayne et moi, car j'ai toujours eu de l'amitié pour Ed Prévost. Et il me respecte beaucoup. Au cours de ce dîner, nous avons évoqué ce que nous pourrions faire si CJMS obtenait le permis demandé. Jarraud aurait été directeur de l'information, Fontayne, directrice des émissions féminines et culturelles, et moi, directeur de la programmation. Je ne sais comment Paquin et L'Herbier avaient eu vent de ces projets, mais ils ont passé tout le déjeuner à me questionner sur ce que l'on pourrait faire de nouveau qui pourrait concurrencer le 10. C'était fait à la blague, mais le fond restait plus que sérieux. Je ne sais par quelle influence curieuse le permis d'exploitation d'une troisième station de télévision a été accordé à Delaney qui n'avait pas les fonds suffisants pour mener à bien la tâche confiée. Il n'y eut donc pas de concurrent valable du canal 10... Puisque je parle de Frenchie Jarraud, je dois vous révéler que nous avons été en discussion pendant un certain temps avec les propriétaires de CKLM alors que ce poste était encore situé rue Sainte-Catherine. Nous sommes allés plusieurs fois à Québec pour rencontrer les propriétaires de ce poste. Nous avons eu des entretiens très poussés. Fontayne était également associée à cette aventure. Mais le budget que nous proposions n'a pas dû plaire à ces messieurs. Dommage, car nous sommes certains que nous aurions mené CKLM aux premières places des cotes d'écoute.

Pour en revenir à Télé-Métropole, les cachets versés aux artistes, lors des débuts, faisaient pitié. La pauvre Clairette, qui venait discuter de cachet pour une émission qu'elle allait animer, se vit offrir un salaire de misère. Mais, comme on le lui dit avec un grand sourire, elle pourrait faire un peu de publicité pour sa boîte à chansons. Alors, elle accepta, mais je peux vous dire qu'elle avait les larmes aux yeux. J'ai beaucoup travaillé avec Jean-Claude Leblanc quand il était réalisateur de «Jeunesse d'aujourd'hui». Cet homme avait beaucoup d'imagination et nous nous comprenions très bien. Mais combien pensez-vous que Joël Denis et Pierre Lalonde gagnaient pour faire ce travail? Pas grand-chose. Lorsque nous avons imaginé «Le diseur du soir» et que nous en avons conçu la formule, où l'on voyait tout le studio, les projecteurs et l'envers du décor, nous ne pensions pas que l'on nous copierait sans vergogne quelques années plus tard. Notre drame, ce fut Jean Coutu qui n'acceptait aucun conseil et qui a fait «patate». C'était une sorte de «talk show» et Coutu se refusait à poser des questions un peu malicieuses. Malgré des efforts d'imagination que le réalisateur Pélo trouvait invraisemblables: «Je ne suis pas réalisateur de variétés, moi», gueulait-il. Nous lui avions fait faire une immense horloge par terre, qui indiquait 10 heures. Les aiguilles représentaient le corps harmonieux de Lise Watier. Ce programme fut rapidement retiré de l'horaire. Dommage, car c'était nouveau.

L'aventure de «Bon dimanche» eut des débuts plus que modestes. Serge Bélair était seul à mener la barque, et c'est le réalisateur Robillard qui faisait des efforts pour créer une émission intéressante. Un jour, dans le hall du 10, Bélair me dit: «Ce serait bien que tu donnes des nouvelles artistiques.» Pourquoi pas? J'avais fait ça au cours de l'émission de fin d'après-midi, avec Claude Seguin, Jacques Desbaillets et Jean Coutu. Robillard qui, dans ce temps-là, était un bon copain, n'ayant pas encore subi d'influences néfastes, était tout à fait d'accord avec Bélair. C'est ainsi que cela a commencé. J'ai connu toutes sortes de chocs au cours de cette émission. C'est ainsi qu'un jour il y eut le duel Donald Lautrec-Matti. J'ai su par la suite que Donald s'était conditionné toute la nuit et qu'il était arrivé au studio, gonflé à bloc, pour laver son linge sale devant les caméras. Moi, cela ne m'a pas gêné. Au 10, on m'a donné tort. Mais il faut dire à leur décharge que les coups de téléphone du public avaient tous été contre moi. Et c'est là que l'on voit à quel point nous sommes arriérés quand il s'agit de show-business. Aux États-Unis, la station de télévision, heureuse de cette publicité, aurait organisé une heure de débat entre Lautrec et Matti. Le bon et le méchant réglant leurs comptes. Mais non; le toujours suave Jean Paquin me dit: «Vous ne faites plus d'interviews.» Et je n'ai plus fait d'interviews jusqu'à «Vedettes Vérité» qui devint un gros succès. Les patrons du 10 avaient raté leur coup, de même qu'ils l'ont fait avec «Toute la ville en parle». J'avais commencé à co-animer cette émission en compagnie de Edward Rémy, remplaçant André Robert. Un jour, on me convoqua dans le bureau de L'Herbier pour m'annoncer que l'on remerciait Edward Rémy parce que ce chroniqueur, devenu depuis un pilier du 10, voyageait trop et que l'on n'appréciait pas son travail. Il faut croire qu'Edward a su trouver le secret pour être presque le symbole intellectuel de Télé-Métropole. En effet, depuis des années, après la période Jean Morin, c'est le règne de Rémy. Mais, à l'époque dont je vous parle, les actions de Rémy n'étaient pas brillantes. Et, ô surprise, sans que je sois le moindrement consulté, j'appris par mon ami Pierre Brousseau que j'allais travailler avec sa femme, Mariette Lévesque. Elle devenait ma co-animatrice pour «Toute la ville en parle». Cela a duré plusieurs semaines. Avec elle, j'avais adopté un style qui, depuis, a fait preuve d'un très grand succès à la radio. Je n'étais pas d'accord avec les opinions de Mariette et je grognais en ondes. À ce moment-là, personne n'a compris. Je savais que ce style devait un jour plaire au public. Avec Hélène Fontayne, j'ai pu triompher durant des années à CKVL en étant sincère de cette façon. Et ça continue. Eh bien, à cette époque, la direction du 10 a encore fait preuve d'incompréhension et de peu de sens du show-business; ils nous ont foutus dehors en une journée et, par un jeu de balançoire assez ridicule, ils m'ont remplacé par, devinez qui, André Robert. André, toujours correct, avait dit: «Je ne veux pas prendre la place de Matti», ce à quoi l'ineffable Paquin lui avait répondu: «Si ce n'est pas toi, ce sera un autre... alors...» Je vous le dis; c'était le balayeur de charme, monsieur Paquin. Ces erreurs de jugement des responsables du 10 indiquent bien plus un rétrécissement d'esprit, une étroitesse de vue, qu'un esprit de famille ou de morale. Ils ne l'ont tout simplement pas et il est très dangereux pour un pays d'avoir une télévision dont la force principale est la niaiserie et la facilité. Cela n'aide certainement pas à libérer le peuple de multiples complexes. Dans cette affaire de «Toute la ville en parle», la direction a dit que c'étaient les commanditaires qui n'avaient pas aimé ces petites disputes sur les ondes. Cela n'enlève rien au problème. Que la peur vienne d'un côté ou de l'autre, ce refus de la controverse et de la discussion nous donne cette télévision sans ossature, ennuyeuse, sans responsabilité. Tôt ou tard, il y aura des changements radicaux dans l'esprit du public. Du moins, je le souhaite pour les Québécois.

Pendant des années, ce fut Diane Arcand qui était la secrétaire de Robert L'Herbier. Je dois avouer qu'elle était une des plus parfaites secrétaires pour faire patienter les gens, répondre au téléphone: «Monsieur L'Herbier est en meeting... on vous rappellera.» Je m'amusais à la regarder; c'était tout un spectacle et déjà je savais qu'elle serait une excellente comédienne. Dans ce livre, ne comptez pas sur moi pour des révélations d'ordre sentimental; mais je peux simplement vous dire qu'il y avait beaucoup de personnalités qui étaient amoureuses de la belle Diane. Elle savait quand nous, les visiteurs, nous avions des problèmes. Et elle agissait avec infiniment de compréhension, et son sourire voulait dire: «Je sais... je comprends, mais que voulez-vous, je ne peux faire mieux.» Si elle racontait tout... ce serait une bombe qui éclaterait.

Une des grandes émissions du canal 10, ce fut certainement «Jeunesse d'aujourd'hui» avec les deux animateurs, Pierre Lalonde et Joël Denis. On y retrouvait, sous une autre forme, l'ambiance du «Club des autographes». Le réalisateur, Jean-Claude Leblanc, avait des idées. On m'a reproché de me servir de cette émission pour les intérêts de maisons de disques pour lesquelles je travaillais; il est exact que j'ai favorisé grandement «Jeunesse», mais Jean-Claude avait parfaitement compris tout ce que je pouvais lui apporter. S'il me disait: «Je voudrais faire une émission pour l'anniversaire de Michèle Richard (par exemple), il serait bon que je puisse recevoir des vedettes en grand nombre», j'avais les moyens de le faire, car nous avions sous contrat à peu près tout ce qu'il y avait de plus fort comme vedettes. J'ai réussi des coups extraordinaires, tels que «Twist contre twist». Pathé venait de sortir cette chanson avec Luis Mariano et Annie Cordy. Tout de suite j'ai su qu'il s'agissait d'un succès, si nous le faisions ici, avec nos vedettes. Je dirigeais l'étiquette «Encore» sur laquelle j'avais fait enregistrer «Boom Boom» Geoffrion, et j'avais mis Jen Roger sous contrat pour l'étiquette «Barclay Canada» que nous avions sortie. Je cherchais une vedette féminine qui soit élégante et grande, pour chanter et danser le twist avec le grand Jen. En 24 heures, nous avons enregistré la bande de l'orchestre et fini le disque. C'est au «Club des autographes» que nous avons présenté Jen et Denise chantant et dansant le twist. Trois jours après, il y avait le grand anniversaire du 10; on y présenta Filiatrault et Roger qui obtinrent un triomphe. Puis ce fut «Jeunesse d'aujourd'hui». Tout le monde se souvient du succès que remporta cet enregistrement. La maison Pathé et ses responsables étaient en furie contre moi; j'avais trop de choses à ma disposition pour mes affaires. Le canal 2, le 10 et beaucoup de postes de radio. Ce qu'ils oublient et qu'ils ont toujours oublié, c'est que j'apportais du matériel et des idées qui profitaient à tout le monde, aux postes et à moi-même. J'ai fait la même chose avec «La Mamma». J'ai fait enregistrer cette chanson par Monique Gaube, et, dans une grande mise en scène, je l'ai fait présenter à Radio-Canada. Ginette Ravel, à qui j'ai fait faire son premier disque, avait également enregistré «La Mamma». Évidemment le disque de Gaube obtint une publicité énorme. Ainsi qu'un «filling» qui passait au 10 tout le temps. Ah, mon ami Pierre Marcotte, à ce moment-là il me détestait. Et Dieu sait que j'ai toujours sympathisé avec Pierre; mais il était le mari de Ginette et il n'appréciait pas du tout que j'entre de cette façon, en concurrence avec sa femme. À cette date-là, on avait pris l'habitude, au 10, d'enregistrer les «fillings» au cours de «Jeunesse d'aujourd'hui». Tous les succès de Joël Denis («Eh, eh! Lolita», «Pussy cat» et autres) passèrent plus que souvent. Des gens se plaignirent à la direction du 10, mais comme je travaillais autant dans l'intérêt du 10, ils envoyaient promener ceux qui trouvaient à redire. Il y a même monsieur Gignac qui s'était adressé à la direction: c'était un scandale de me laisser faire, et il fut encore plus en colère lorsque le 10 fut à deux doigts de fusionner avec «Fantastic». Il faut dire qu'il avait été remis à sa place par Robert L'Herbier. Il y avait un joyeux nombre de gens qui grognaient, qui grenouillaient et qui chialaient. C'est ainsi que Jean Simon m'avait présenté un grand et beau garçon, charmant et bien élevé, possédant d'autre part une excellente voix. Je l'ai engagé et je lui ai fait enregistrer deux 45-tours, dont un en compagnie d'une inconnue, Lucile Bastien. Avec Lucile il enregistra «À quoi ça sert l'amour» de Piaf et Sarapo, et «Le jour le plus long» sur un autre 45-tours. Complètement inconnu la veille, il obtint deux succès en même temps. Son nom? Inutile de vous faire chercher longtemps, Serge Laprade. Je n'ai jamais rien eu à reprocher à Serge. Sauf, peut-être, à l'époque où j'avais réussi à le faire engager comme co-animateur de l'émission «De un à dix» avec Hélène Fontayne.

Serge, mal conseillé par Jean Paquin, n'avait pas aimé le fait d'avoir des textes à apprendre par coeur. Alors que Fontayne les savait impeccablement, il peinait et, naturellement, dans mes textes, je me servais souvent de la voix de Fontayne. Inutile de vous dire que tout a été dit. Je favorisais Hélène parce que j'avais des intérêts sentimentaux avec elle. Alors que je ne faisais que mon métier. Si bien que «De un à dix» rejoignait en popularité «Jeunesse d'aujourd'hui». À ce moment-là, Serge a demandé officiellement à être seul animateur de l'émission. C'est le défaut de nos animateurs qui croient pouvoir improviser des textes de variétés avec autant de talent qu'un auteur spécialisé. À partir de ce moment-là, il n'y eut plus de textes, plus de Fontayne, plus de Matti. Bientôt de petits décors ridicules démontrèrent l'ignorance et le mauvais goût du réalisateur. L'émission tourna vite en chose insipide et disparut des ondes. Mais il faut dire que Paquin avait tellement monté Laprade... Ce fut la seule fois où Serge eut une attitude pas très sympathique. Mais il a toujours su, par la suite, se montrer loyal et amical. Il avait avec lui un homme qui s'occupait remarquablement de ses affaires, un homme que j'ai toujours respecté et qui m'a toujours respecté, un homme que j'ai d'ailleurs retrouvé dans le journalisme, Pierre Nadeau. Donc, à cette époque, j'avais aussi les journaux et l'on m'accusait de trafiquer dans l'organisation de «Monsieur et Madame Télévision». Cette année-là, la petite Lucile Bastien, à cause de son succès avec Laprade, tint tête à Michèle Richard durant des semaines pour le titre de «Découverte de l'année». Chaque semaine on pouvait constater qu'à tour de rôle l'une ou l'autre prenait la tête. Finalement, Lucile termina deuxième, avec très peu de voix derrière Michèle Richard. C'était encore la faute à Matti... Pourtant je dois dire que Lucile Bastien aurait été une grande vedette si elle avait voulu continuer. Mais elle n'aimait pas ce métier et elle abandonna au moment où elle aurait pu atteindre le sommet. Je lui avais fait tourner une ou deux émissions de télévision avec Serge, mais elle a quitté le milieu subitement. J'aimais beaucoup le talent de cette fille. Et j'ai regretté de ne pas avoir su lui faire aimer le métier. Mais, deuxième comme découverte de l'année... bien des gens ne l'avaient pas pris. Je peux pourtant vous dire qu'il n'y avait aucune combine. Le drame, c'est qu'il y avait eu très peu de gens professionnels et organisés, qui savaient planifier une carrière. Depuis nous avons eu un Yvan Dufresne, et, plus près de nous, un Guy Cloutier. Mais il y a une raison si le disque québécois et le spectacle, à part quelques grandes réussites, connaissent une crise grave. D'abord les stations de télévision ne remplissent plus leur rôle. Et les hommes qui ont pris la relève ne sont pas des bêtes de spectacle, avec tous les défauts que cela comporte. Ce sont de petits hommes d'affaires complètement ignorants des astuces du métier. Il y eut des phénomènes qui étonnèrent tout le monde; des Tony Roman, des Denis Pantis, même des Gilles L'Écuyer. Denis Pantis, c'était le marchand de tapis de la chanson. Il avait même réussi, dans ses transactions incroyables, à vendre trois fois le contrat des Sultans à Trans-Canada. Il y avait un homme bien gentil, assez effacé, mais qui avait réussi à créer une ambiance: Cattichio. Il faisait enregistrer tous ses orchestres en Italie. J'assistai, dans mon bureau, à une conversation bien calme entre Cattichio et une fort jolie femme. Elle revenait de France et elle voulait trouver un producteur qui l'aiderait à réussir ici. Douée d'une très belle voix, elle interprétait des mélodies très poétiques, mais sa carrière n'avançait pas. Elle n'avait pas encore trouvé celui qui lui ferait découvrir son style. Et elle était un peu découragée. C'était Diane Dufresne. Plus tard, elle a trouvé Cousineau et on connaît la suite. Pour en revenir à la télévision, il faut que je vous dise pour quelle raison le canal 10 m'avait imposé un silence ridicule: c'est parce qu'à ce moment-là j'avais critiqué l'Union des Artistes au sujet de son attitude vis-à-vis de Charbonneau, un animateur. Un gros monsieur avait téléphoné pour se plaindre et, comme le 10 ne voulait pas de complications avec l'Union, hop, on faisait dire à Matti de ne plus avoir d'opinion... C'est un détail que l'on m'a répété bien long-temps après. Le plus drôle, c'est que le monsieur qui s'é-tait plaint au 10, devait défendre mes intérêts, car je suis membre de l'Union, et qu'il y a eu bien des moments où ce monsieur devait prendre position en faveur de ses mem-bres.

Vous avez pu le constater, je vous promène d'une histoire à l'autre, de la télé au disque, et bientôt du jour-nalisme à la radio. Ma vie a été continuellement un casse-tête, avec des bouts de chansons, de drames, d'amour et de mépris. Il y aura aussi, et soyez assurés que j'y arrive tranquillement, la mort, cette vacherie dont je parlais dès le début de cette fresque. Avant d'arriver à la mort, il faut cracher la vie. Alors, ne vous en faites pas, en passant par tous les corridors, j'arriverai à vous avoir fait visiter ma maison, avec toutes ses aventures. Au fur et à mesure qu'un détail me vient à la mémoire, hop, je m'en saisis. À n'importe quel moment...

Mes prisons radiophoniques

Fernand Doré, l'homme que je respectais infiniment à Radio-Canada, me téléphona un jour; je devais aller le voir tout de suite chez lui. J'habitais à cette époque à Beloeil. Je sautai dans ma voiture et filai le voir. Il m'offrit un verre et tout de suite me parla du sujet qui l'intéressait. «Je vais quitter Radio-Canada, me dit-il, et je deviens président de CKAC. Ce qui m'intéresse, c'est qu'en plus du poste de radio, avec *La Presse*, nous aurions bientôt une station de télévision. Alors, j'ai besoin de toi... Je te sers encore à boire?» Tu parles... J'étais surpris, mais cela ne m'étonnait pas d'un tel homme. «Viens-tu avec moi? Évidemment, au début, tu ne gagneras pas les dollars que tu fais à Radio-Canada... Mais avoue que l'aventure est tentante...» Moi, j'aime mes amis et les hommes que je respecte. Malgré ce que pensent les gens, les dollars viennent très loin derrière l'amitié. Et puis je suis joueur. L'affaire dont me parlait Fernand Doré, si incroyable qu'elle me paraissait, j'acceptais de l'envisager avec confiance. J'étais déjà à CKAC où j'animais «Personnalité» avec Gabi Drouin. En écoutant Doré me parler de cette boîte, je pensais à la crasse des murs, aux rideaux infects, à la vieillerie qui suintait de partout. En réalité, ce n'était pas réjouissant. Mais le défi me paraissait intéressant. Fernand me parla de conditions. Évidemment cela se rapprochait beaucoup plus des 140$ par semaine du 10 que des dollars du 2. Enfin... si un jour il devait y avoir une station de télévision, le jeu en valait la chandelle. «Qu'est-ce que j'aurais à faire?» Les petits yeux malicieux de Doré brillaient: «Tu serais directeur de la programmation.» Évidemment, cela m'intéressait. Et je le lui dis. Pendant ce temps, je faisais tous les jours mon émission à CKAC et j'entendais tous les murmures, j'écoutais les ragots. Le plus drôle, c'était quand le regretté Jean-Pierre Comeau venait me trouver et me disait: «Jacques, j'ai des projets avec le nouveau patron du poste... Pense à une série d'émissions.» Je ne pouvais rien dire et je devais faire semblant. Cela me faisait de la peine dans le fond, car ce pauvre Jean-Pierre était persuadé qu'il serait nommé directeur de la programmation. Lorsque Doré fut installé, la décision arriva: Matti était nommé directeur de la programmation. Les mines s'allongèrent. Les uns avaient peur pour leurs petites habitudes de paresseux, d'autres m'en voulaient car ils comptaient bien obtenir le poste. J'entrai en fonction; je sentais comme une sorte de mal de dents parmi le personnel. Il était évident que bien des changements allaient avoir lieu. Mais j'avais à mettre un peu d'ordre et de propreté dans ce musée poussiéreux de la radio. Et, pour tout arranger, *La Presse* subit pendant des mois une grève qui n'allait pas aider. Fernand Doré et toute l'administration déménagèrent de l'autre côté de la rue, là où sont maintenant logés tous les services de la station. Moi, il me laissa capitaine du vieil édifice et de tout le personnel artistique et technique. J'avais entrepris des travaux avant la grève de *La Presse* et j'avais un très beau bureau. On m'offrit des meubles neufs et ma secrétaire, Hélène Fontayne, avait son bureau d'où elle pouvait s'occuper de mille et un détails avec son dévouement et son intelligence. J'allais d'étonnement en étonnement. C'est ainsi qu'un jour je me fis livrer le courrier du service des nouvelles. J'ouvris quelques lettres et je fus surpris de trouver, avec des invitations pour un cocktail, des billets de dix dollars. Je fis appeler un responsable à l'information du moment, et je lui demandai ce que signifiaient ces billets de cinq ou dix dollars dans les communiqués. Il ne parut pas étonné du tout, et c'est avec le plus grand calme qu'il me dit que c'était une habitude normale à la salle des nouvelles. En somme, pour que l'on parle, aux bulletins de nouvelles, d'un événement plus commercial, on glissait un billet de dix dollars et le tour était joué. Je me souviens également du jour où j'avais convoqué Michel Noël pour l'engager afin d'animer une émission du dimanche. Nous nous sommes mis d'accord sur le style de l'émission, puis nous en sommes arrivés au salaire. Je convins d'un salaire hebdomadaire. Cela convenait parfaitement à Michel; mais je voyais bien qu'il y avait quelque chose qui contrariait l'artiste. Il était mal à l'aise dans son fauteuil. Finalement, je lui demande: «Cela ne te convient pas?» Il eut un petit sourire un peu forcé puis: «Est-ce que c'est le chiffre clair, ou bien, il y a une petite somme qui... que...» Les mots ne sortaient vraiment pas. J'ai dû insister terriblement pour qu'il me fasse comprendre qu'il y avait eu des époques où l'artiste remettait un petit pourcentage sur ses cachets. Je lui dis que ce n'était pas mon genre et qu'il n'avait pas à se faire de bile; son cachet lui revenait et il n'y avait pas de pourcentage à verser à qui que ce soit... D'ailleurs, cette première surprise passée, j'en ai eu d'autres du même genre par la suite. Ce qui a fait une de mes forces dans le métier, c'est que je n'ai jamais accepté de pot-de-vin et que je n'ai jamais payé personne pour obtenir du travail. Car j'ai connu des réalisateurs qui encaissaient de petites commissions sur les cachets que certains touchaient. Il faut dire qu'ils étaient tellement mal payés qu'ils se «servaient» pour arrondir leur budget. De toute façon ce n'était pas fameux comme ambiance professionnelle. Notez que j'ai connu ça dans le journalisme. Des photos en première page, ça coûtait tant. C'est tout juste s'il n'y avait pas une carte de tarifs. Donc, à CKAC la vie se déroulait, difficile, mais intéressante. Le seul drame que j'avais, au début, c'est que l'on m'avait imposé plusieurs radio-romans. Cela coûtait une fortune, causait un travail terrible dans les studios et, à mon avis, ne donnait absolument rien. J'en avais assez de la crasse des locaux et je décidai de nettoyer cette écurie. Je m'attaquai d'abord au grand studio; tous les rideaux dégueulasses furent arrachés et envoyés aux poubelles. Puis, comme il y avait une fenêtre, je la fis dégager afin que les disc-jockeys et les animateurs puissent voir à l'extérieur. Et je me lançai dans le rajeunissement de tous les locaux, studios et bureaux, malgré la grève de *La Presse* et les difficultés de comptabilité que cela entraînait. Il est souvent arrivé que le patron des peintres vienne me trouver, le vendredi, en me disant: «Monsieur Matti, il faut que je paie mes hommes... J'ai envoyé ma facture mais nous n'avons pas reçu de chèque... Vous savez que mes hommes ont besoin de leur argent.» Et, bien souvent, dans ces cas-là, je payais la semaine de chaque homme. Je dois dire que j'ai été intégralement remboursé, mais plus tard... À force de volonté et de travail, nous avions enfin des locaux dignes et propres. Mais ça n'avait pas été sans mal. Fernand Doré était ouvert à tout. Lorsque nous avons parlé de lancer une maison de disques, je connais bien des patrons qui auraient dit: «Vous êtes fou... Un poste de radio propriétaire d'une maison de disques, c'est tout simplement contraire aux lois du métier. On va nous accuser de favoriser nos propres produits.» Et après? De toute façon, quoi que vous fassiez dans la vie, on vous accuse toujours de quelque chose. Moi, j'avais l'habitude d'être critiqué. Quant à Fernand, il accepta de jouer le jeu. Nous avons créé la marque «Dinamic» et la première vedette qui signa avec nous fut Aglaé. Tout le monde disait: «Jamais les autres postes de radio ne joueront les disques de CKAC.» Moi, je rigolais. Faites un bon produit et vous verrez que tout le monde embarquera. À CKLM, Jean-Pierre Coallier fit bien des sorties, promettant que jamais, jamais un disque d'un poste concurrent ne passerait sur ses ondes. Pauvre Jean-Pierre! La cote d'écoute de CKLM était si basse que je me consolais bien facilement de ses batailles à la Don Quichotte. Par contre, il me fallait atteindre les palmarès de CKVL et de CJMS. Et puis j'étais parfaitement conscient d'une chose: les succès partaient en général de la lointaine province. C'est ainsi que le premier gros succès de «Dinamic» fut «Marie-toi» avec Aglaé. C'est à Rouyn que partit le bal du succès de cette chanson et cela se répandit de ville en ville. Ce fut tellement puissant que Montréal dut suivre. À part CKLM, inexistant, il y avait une résistance à CKVL. J'allai donc voir Jack Tietolman et je lui achetai deux quarts d'heure par semaine. Il ne pouvait refuser et je pouvais ainsi indiquer aux discothécaires, Laurent Bourdy et Cardin, les disques à jouer. Comme cela s'appelait le quart d'heure Dinamic, on ne passait que du Dinamic. Et quand je voulais pousser telle ou telle chanson, je la faisais programmer deux fois par semaine. Devant ce geste, tout le monde de la radio se dit que rien ne m'arrêterait et que cela ne servait à rien d'essayer de me bloquer. Inutile de vous dire la fureur des responsables des autres maisons de disques. Il y en a même qui se sont renseignés auprès du CRTC pour savoir si c'était légal. Il n'y avait rien dans la loi qui m'interdisait de produire des disques et de les pousser. C'est ainsi que nous avons employé un truc pour le lancement du «Yaya» de Joël Denis. C'est d'ailleurs l'amie Vallée, discothécaire de CKAC, qui en avait eu l'idée. Nous avons programmé le «Yaya» durant tout un dimanche, pendant 24 heures. On jouait un disque, puis le «Yaya», c'est-à-dire une fois sur deux. Mes amis, ce fut du délire. Les auditeurs étaient en furie et ils inondèrent le poste de coups de téléphone pendant plus de deux jours. Tout le monde était outré, depuis les auditeurs jusqu'aux concurrents. Mais j'ai toujours aimé remuer les foules. Et le coup fut réussi, puisque le disque de Joël battit tous les records de vente de l'époque. Un record qui s'est maintenu pendant des années avant d'être dépassé. Ce 45-tours a vendu 127 000 copies. Jac Duval ne croyait pas à ces chiffres et il le proclamait bien fort au «Club du disque» du canal 10. Moins il y croyait, plus il en parlait et plus il m'aidait à vendre. Nous nous sommes même rendus à son émission avec Gilles L'Écuyer, qui représentait le distributeur, Trans-Canada. Et, chiffres en main, livres de comptabilité à l'appui, nous avons essayé de prouver que ces chiffres étaient exacts. Duval niait toujours; mais au lendemain de l'émission nous recevions encore de grosses commandes. Avec les retours inévitables, ce disque a terminé sa carrière avec une vente réelle de 127 000 copies, plus les longs jeux sur lesquels se trouvait le «Yaya». Normand Fréchette animait «Le palmarès du disque» à CJMS tous les jours à midi, et il chantait bien; je l'ai engagé parmi nos vedettes. Naturellement, tout le monde disait que Fréchette poussait nos disques parce qu'il enregistrait avec moi. Les couleuvres de la profession rampaient dans les coins; les langues sales crachotaient. Mais je peux dire que Fréchette était mon pire critique. Lorsqu'il recevait une nouveauté, il me téléphonait: «C'est bon» ou bien «J'aime pas ça du tout». Et je ne l'ai jamais influencé car je savais qu'il ne le tolérerait pas. J'avais bien d'autres moyens de faire mousser mes disques.

À cette époque, nous étions deux à faire marcher les disques «Dinamic». Hélène Fontayne et moi. Alors que toute la journée, nous nous occupions du poste de radio, le soir, souvent jusqu'à des trois heures du matin, nous faisions des enregistrements. Et Hélène s'occupait des étiquettes, de la paperasse et des comptes avec le distributeur, plus les paroles françaises des succès américains dont il fallait obtenir les droits avant tout le monde. Finalement le bilan était fructueux, aussi bien en ce qui concerne CKAC que «Dinamic». Mais je trouvais ça lourd. À mes yeux, mon bureau était devenu une cellule de prison. J'arrivais à reculons, le matin. Car j'ai toujours eu un instinct un peu effrayant, et cela me paraissait bizarre, cette boîte. On travaillait dans le vide. Un soir, pour mettre au point différentes émissions, Fernand Doré m'avait convoqué chez lui. Ce cher Fernand avait, malgré lui, des «restes» de Radio-Canada. Il avait eu la curieuse idée de créer un triumvirat composé de Jean Duceppe, de Guy Mauffette et de moi. Ces trois personnalités ne pouvaient pas coller ensemble. Quoique j'eusse infiniment de respect pour Jean Duceppe. Mais moi, je voulais que l'on joue des disques américains alors que Jean les lançait à travers le studio et les brisait. Mais c'était un détail plus amusant qu'autre chose. Par contre Guy Mauffette et moi, nous étions les deux opposés. De plus, ce fameux soir où Doré m'avait demandé de venir chez lui, il avait invité Mauffette également. Celui-ci était arrivé un peu avant moi et, pour vous prouver combien nous ne pouvions pas travailler ensemble, Mauffette avait dit à Doré: «Mais pourquoi avoir engagé Matti?... Est-ce qu'il te tient par quelque chose? Te fait-il du chantage?» C'est Fernand qui m'a raconté ça lorsque Mauffette est parti. Je trouvais ça parfaitement écoeurant et je ne me cachai pas pour le dire. Bientôt, Mauffette ne fit plus partie de CKAC. Pourquoi faut-il que les gens soient toujours les mêmes? Parce qu'un patron aime le travail d'un gars, immédiatement on fait des suppositions déplacées. On l'a dit pour Doré, on l'a dit pour L'Herbier. Et, mon Dieu, si les gens savaient combien il n'y a jamais rien eu entre ses hommes et moi, que de l'amitié et du respect.

Bientôt Doré me nomma directeur de CKAC. C'est dire que les responsabilités s'accumulaient sans entraîner d'avantage. J'eus des décisions à prendre (comme d'habitude) et je dus apprendre par coeur la convention collective. Le renvoi de certains employés demandait de la réflexion humaine et l'évaluation exacte du geste à poser. Il y avait un animateur que je trouvais très mauvais, ou plutôt démodé. C'était un des plus vieux de la maison. Comment faire? C'était un monsieur qui portait beau, avec gants «beurre frais» et costumes élégants. Il parlait de voitures avec connaissance. Il était bien élevé. En apprenant la convention collective, j'avais compris comment faire pour éliminer n'importe quel employé en respectant les engagements. C'est ainsi que je plaçai Yvon Blais, car c'est de lui qu'il s'agit, de nuit. Il devait animer de minuit à cinq heures. Je savais très bien qu'il n'accepterait pas. Je l'attendais. Deux jours après, il demanda à me voir, et il me dit: «Je ne peux accepter de travailler la nuit. J'ai mes obligations, ma vie...» Je lui répondis que c'était bien son tour d'animer un peu la nuit. Il me dit qu'il préférait partir que de faire la nuit. Je lui fis signer sa démission. Je sais qu'il ne me l'a jamais pardonné. Quant à Gaston Blais, qui était à ce moment-là président du syndicat de CKAC, il arriva dans mon bureau en me disant que je n'avais pas de coeur. La litanie habituelle. Ce à quoi je répondis: «Mon cher Gaston, c'est vous-même qui avez signé cette convention collective, je ne fais que la respecter.» Que voulez-vous qu'il réponde à cela? Rien. C'est ce qu'il fit. Mais il estimait que j'étais terriblement dur, alors que moi, je continue de penser que si l'on signe un accord, on doit respecter sa signature, même si l'on s'aperçoit que l'on a commis une erreur, ou qu'on n'en a pas prévu toutes les conséquences.

Et ma vie de prison continuait. Je faisais mon métier avec conscience mais mon coeur était triste. Je mis sur pied une programmation d'automne et je pris des vacances. Avant de partir, je me retrouvai dans le bureau de

Fernand Doré, de l'autre côté de la rue. Il me dit: «Tout va bien, tu peux partir tranquille. J'ai eu une réunion avec ces messieurs de *La Presse* (la grève était finie depuis longtemps) et ils sont enchantés. Repose-toi bien et reviens-nous.» J'ai appris qu'au Québec, il faut éviter de prendre des vacances. Je pense que c'est au Québec qu'est né le proverbe «Qui va à la chasse perd sa place»... J'ai vu ça dans les journaux et à la radio. Mais, sincèrement je n'ai pensé à rien de précis. Je me suis reposé à Miami durant huit jours et je revins à Montréal en passant par Tampa et Toronto. À l'aéroport de Tampa, on m'appela au téléphone, mais je n'avais pas le temps de répondre, l'avion allait partir. À Toronto, alors que j'attendais ma correspondance pour Montréal, une voix suave m'appela par le haut-parleur. J'avais le temps et je me rendis au téléphone. C'était Fernand Doré; il avait une voix d'outre-tombe. «Jacques, j'ai tenu à te joindre avant ton arrivée ici, au bureau. Tu es renvoyé... Et il ne faut même pas que tu te présentes à ton bureau demain matin...» Comme si j'avais été un criminel. J'ai remarqué à quel point les patrons canadiens ont des méthodes bizarres, pour ne pas dire stupides et surtout sans intelligence et sans coeur. Seulement voilà, ces pauvres guignols ne me connaissaient pas. Comme si j'avais eu l'intuition de leur attitude minable, j'avais un bureau rue Crescent, tout équipé, prêt à fonctionner. Hélène Fontayne refusa de rester à CKAC et bientôt nous étions très légalement à la tête d'une maison de disques, les disques «Fantastic». Et, comme la direction de CKAC continuait de programmer l'émission «L'exacta de la chanson» que j'avais créée et que j'animais, je convoquai monsieur Doré à mon bureau. Il vint, me dit combien il regrettait, mais qu'il n'y avait rien eu à faire. Je lui dis que cela n'avait aucune importance mais qu'il fallait retirer l'émission «L'exacta» des ondes. Ce qui fut fait. Je n'ai jamais revu Fernand Doré.

Je fus convoqué à *La Presse* pour régler les modalités de la fin de mon contrat. Je fus reçu dans un somptueux bureau sans aucune personnalité, par un administrateur sans couleur. J'ai su son nom, mais j'avoue que le personnage était tellement insignifiant que j'ai même oublié qui il était, ce qu'il faisait. La seule chose dont je me souvienne, c'est que j'ai essayé de savoir pourquoi on m'avait mis dehors. Telle une carpe, le stupide personnage déclara qu'il n'avait rien à me dire. Il était la preuve vivante que, souvent, pour être administrateur d'une grande entreprise, il faut être con et borné. Quel dommage, monsieur, que j'aie oublié votre nom. Aujourd'hui, je me ferais un plaisir de le publier, qui que vous soyez. On a peut-être à me reprocher bien des choses mais je me suis toujours tenu debout. Je suis avant tout un homme indépendant. Je n'ai jamais eu peur de dire «merde» aux soi-disant grands de ce monde. Je m'estime, dans mon domaine, aussi grands qu'eux. Et quand un patron n'a pas su me garder, je le plains, car c'est lui qui y perdait. J'ai 64 ans, et je suis encore debout, plus populaire que jamais, heureux de vivre, heureux de satisfaire mes patrons actuels, heureux malgré une certaine gêne causée par une paralysie qui aurait été fatale à bien des gens. Avec une seule bonne jambe et un seul bon bras, il me reste la tête et les idées. Et mon caractère. Tant que je vivrai, je porterai mon nom bien haut, sans jamais m'abaisser devant qui que ce soit. Ce que je reproche au monde, c'est sa lâcheté. Aimez-moi, je vous aimerai; respectez-moi, je vous respecterai; mais n'essayez pas de m'écraser.

C..., je me souviens

Peu de temps après, alors que la maison de disques «Fantastic» allait très bien, je reçus des appels d'agences de renseignements. Sur mon compte et sur ma carrière. À ce moment-là j'animais une émission avec Pierre Chouinard à CKLM. Elle passait tous les après-midis et si on nous avait laissés tous les deux à cette heure-là, nous aurions obtenu la meilleure cote d'écoute. Mais Guy d'Arcy, qui était resté le seul propriétaire de la station, changeait souvent d'idée. Pendant ce temps-là, Yvan Ducharme me téléphona et me parla au nom de Roch Demers. «Roch Demers voudrait vous voir. Il a une proposition à vous faire concernant le FM de CJMS... Ce serait bien pour vous.» Je pris rendez-vous. Dans l'immense bureau de Roch Demers, j'appris qu'il allait y avoir des changements et que la direction pensait que CKAC n'avait pas su tirer parti de mes qualités, mais que la maison CJMS saurait me donner les atouts qui me permettraient d'aller loin, très loin. Lorsqu'il me proposa de devenir directeur de la programmation du FM, je lui dis que ça ne m'intéressait pas, mais que, par contre, j'aimerais diriger le AM. Nous discutâmes durant une heure. J'avais des conditions à remplir que Roch semblait comprendre. Il allait me donner des nouvelles. Guy d'Arcy, toujours plein d'idées, décida de me confier le matin. C'étaient alors les Cyniques qui étaient «morning man» et cela ne fonctionnait pas. Je vois encore Guy dans son bureau, me faisant un baratin énorme pour me convaincre d'accepter de faire le matin. Ce jour-là, il m'a promis la lune. Monique Nadeau était directrice de la programmation. Finalement, j'acceptai. La nuit appartenait à Fernand Robidoux. Le premier matin, c'était en hiver, je me trouvai complètement perdu sur la rue Sainte-Catherine vide, glacée. Ce n'était pas encourageant. Pour tout arranger, j'entrai dans un immeuble qui était désespérément désert; seul un petit homme, les cheveux en bataille, la mine défaite, était effondré sur son fauteuil au milieu de disques en perdition. C'était Fernand Robidoux qui achevait sa première nuit. Il me dit: «Je n'en peux plus.» J'avais comme réalisateur un garçon qui a fait son chemin: Gilles Proulx. Et je remplis mes fonctions de «morning man» comme je l'entendais. Souvent notre régisseur venait me voir et m'encourageait. C'était le docteur Jean-Marc Brunet. Quant à Guy d'Arcy, il venait derrière la glace et me faisait signe, du pouce, que c'était très bon. Mais cela ne dura que huit jours. Un matin, d'Arcy arriva, l'air mauvais, puis il me fit le signe «zéro». Dès que j'eus terminé mon émission, Monique Nadeau me convoqua à son bureau; elle avait l'air terriblement gênée. «Jacques, je dois vous annoncer que vous n'animez plus le matin. C'est une décision de monsieur d'Arcy.» Alors, bien calmement, je pris le téléphone. «Vous permettez, j'ai un coup de téléphone à donner.» Et je composai le numéro de CJMS. Je demandai monsieur Roch Demers et ce fut rapide: «Monsieur Demers, j'accepte votre proposition pour être directeur de la programmation... Je suis libre à la date dont nous avons parlé.» Il fallait voir la binette de Guy d'Arcy quand Monique Nadeau est allée lui annoncer la nouvelle. Il s'attendait à tout, sauf à ça. Il m'avait, sans s'en rendre compte, donné le coup de pouce pour que j'accepte l'offre de CJMS. Mais tout cela s'était déroulé comme au théâtre avec un acte bien monté. D'Arcy, je t'aime bien, mais ce matin-là, je t'ai roulé dans la farine.

Je quittai donc CKLM et je fis mon entrée à CJMS un lundi matin. Roch Demers fut charmant, de même que tout le personnel. On me présenta un grand garçon sympathique qui me parut, lui, réticent. Son nom: Paul-Émile Baulne. Il devint mon assistant. Et comme nous avons sympathisé il m'a avoué qu'il m'en avait voulu quand on m'avait nommé, car il espérait bien que ce serait lui le directeur de la programmation. Finalement, nous avons parfaitement collaboré et nous avons obtenu d'excellents résultats professionnels. Nous avons accouché d'un bébé qui, si l'on avait eu un peu de patience à la direction, serait une des plus grandes émissions de radio à l'heure actuelle. C'était «Le championnat du disque». C'était à cette occasion que j'avais prouvé à Paul-Émile qu'il n'y a rien d'impossible au monde. Je lui avais dit qu'il fallait trouver des stations de radio américaines prêtes à s'associer à ce championnat du disque canadien. Il m'avait dit: «C'est impossible.» Devant mon insistance, Paul-Émile décrocha l'accord de cinq stations de radio américaines. Nous allions réussir un des plus beaux coups de la radio. Mais ce fut la deuxième fois où le poste de la rue Berri manqua de courage. La première fois, ce fut avec madame Letêcheur. Nous avions lancé «CJMSOS» et le succès était considérable. Nous avions été obligés de louer des locaux au Palais du Commerce afin d'entreposer de la nourriture, du linge et de multiples objets pour les pauvres. Même les pompiers de Montréal nous avaient proposé de nous céder un local dans chaque caserne afin que le public vienne y porter le nécessaire. C'est là que nous avons vu comme les Montréalais sont généreux et que les services d'aide sociale sont mesquins, jaloux et inutiles. Nous étions débordés de dons de toutes sortes. Mais ces messieurs de l'Hôtel de Ville, et particulièrement une vieille fille, avaient décidé que notre intervention les gênait, car nous étions en train de prouver à quel point ils travaillaient mal pour les pauvres. Je me souviens d'une petite phrase: «Vous ne vous rendez pas compte qu'il y a des gens malhonnêtes qui vont vous mentir et profiter de votre organisation.»Les pauvres! Quand on connaît toutes les injustices de ces services officiels. Il suffit de penser à des cas bien précis de gens qui reçoivent des prestations de bien-être social et qui habitent à Westmount chez des parents aisés. Mais non, ils veulent garder ce privilège des injustices, du moment que ce sont eux qui les commettent. Après avoir reçu une lettre particulièrement monstrueuse d'un responsable de l'Hôtel de Ville, j'ai pris le micro avec madame Letêcheur. Si j'avais continué, ce jour-là, la foule se serait dirigée vers l'Hôtel de Ville et tout aurait mal tourné. Avec Paul Cooke, nous sommes allés rencontrer monsieur Lucien Saulnier. Il comprit très bien notre point de vue, mais nous exposa les problèmes d'hygiène qui jouaient contre nous. Pourtant, il voulait bien nous accorder un permis, à certaines conditions. Nous avions presque réussi et nous allions pouvoir continuer à faire le bien. C'est le moment qu'a choisi la direction pour prendre panique et tout arrêter. Le regretté monsieur Crépault me voyait souvent. Il m'a reçu dans son bureau, près de la Cathédrale. Puis nous avons mangé ensemble! La dernière fois c'était dans un restaurant de fruits de mer situé tout à côté de son bureau. Certains problèmes le préoccupaient. Les mêmes que les miens. Ces conversations à l'extérieur des bureaux vinrent aux oreilles de Roch Demers qui prit fort mal la chose. Et il employa toutes ses armes pour que je quitte la station. On aurait cru qu'un micro était caché dans mon bureau. Notez que cela n'aurait rien eu d'invraisemblable puisque j'avais appris qu'un micro avait été caché dans le bureau où avaient lieu les conseils d'administration. Bien des secrets, même d'ordre personnel, furent entendus et connus à cette époque... Drôle de maison à ce moment-là. Chacun se soupçonnait. Mon bureau était ma deuxième prison. On m'avait noirci Robert Arcand; moi, je lui ai donné davantage de travail sur les ondes et j'en ai toujours été satisfait. J'ai essayé plusieurs fois de me faire comprendre de Michel Desrochers. Lorsque je suis parti, il a dit: «Ça y est, le gros C... est parti.» Ce qui ne l'a pas empêché d'être un garçon délicieux lors de ma paralysie. Dès que j'eus terminé ma première émission à CKVL, ce fut Michel qui me téléphona pour me souhaiter bonne chance. Avant l'émission, c'était Michel Jasmin. Je n'ai jamais compris Roch Demers. Il me donnait l'impression de jouer un jeu. Quand il avait dit «soda» en frappant sur la table, il avait tout dit et tout fait. Il détestait à tel point Frenchie Jarraud que je l'ai vu presque pleurer de rage en parlant de lui au cours d'une réunion officielle du bureau. Pour vous indiquer un trait de caractère du personnage, il a dit, lorsque je suis parti, au cours d'une réunion de l'état-major: «Matti est sûrement parti avec tous nos projets. Il savait trop de choses et il va s'en servir.» C'était le côté mélodramatique de Demers. Inutile de vous dire que je me foutais éperdument des projets d'avenir de CJMS. Mais Roch aimait voir du noir, là où il n'y avait rien.

À cette époque, Pierre David et moi étions des amis. Et, durant des années, au moment où il avait encore besoin de faire entendre ses artistes sur les ondes de CKVL où nous étions, Fontayne et moi, Pierre David était gentil, très simple. Nous allions souvent manger ensemble. Depuis qu'il croit avoir réussi et qu'il pense avoir monté tandis que je descendais, il ne sait même plus dire bonjour. Pauvre Pierre! J'ai également comme vous une Continental, et elle n'appartient pas à une société. Et le reste est à l'avenant. Quant au dieu de l'amour, il ne me joue pas de mauvais tour... Bonne chance, monsieur le producteur. Évidemment, Pierre, je ne peux et ne veux plus enregistrer de petites chanteuses qui vous tiennent à coeur. Mais je pensais que l'amitié avait des bases un peu plus solides. Plus tard, Roch Demers a rejoint les rangs de CKAC en emmenant avec lui Paul-Émile Baulne. Et l'illustre Bazinet a commencé ses ravages rue Berri. Quel grenouillage dans ce petit monde de la radio. Comment voulez-vous que l'on trouve le temps de faire de grandes choses? Tout est petit, mesquin, enfantin. Pendant un été, j'avais eu le culot d'engager Joël Denis comme «morning man». Tout le monde m'avait dit: «Mais il ne sera jamais à l'heure...» Ce qu'ils ne savaient pas, c'est que je réveillais Joël tous les matins à quatre heures et que je lui retéléphonais à quatre heures et demie. Il n'est jamais arrivé en retard. Mais voilà, il faut être un directeur responsable. Souvent, il m'arrivait de prendre ma voiture à trois heures du matin et j'allais voir ce qui se passait au poste. Pendant que tournait un microsillon, j'eus la surprise de découvrir l'animateur de service, dans les toilettes, en train de faire chanter le septième ciel à une petite aspirante au vedettariat. Cette nuit-là, je décidais de fermer les portes et personne n'avait le droit d'entrer. J'avais eu l'idée d'engager Danielle Ouimet comme «espion 1280» pour donner un compte rendu de la circulation d'une façon originale. Encore une qui m'a remercié en disant bien des choses sur mon compte. C'est d'ailleurs devenu une telle habitude que je suis étonné lorsque quelqu'un pour qui je fais un geste positif me remercie ou, tout simplement, ne devient pas un ennemi déclaré. On croirait que les gens vous en veulent de leur avoir rendu service. Il y eut un garçon pas méchant, mais très honnête dans son travail, qui n'avait pourtant pas du tout le style que je désirais voir dans une station moderne. Plusieurs fois j'ai failli lui donner son congé. Pour mille et une raisons, ça ne s'est jamais fait. Et maintenant, quand je l'entends, j'admire les progrès qu'il a faits et je trouve qu'il a découvert un genre classique, mais propre, agréable à écouter.

Il s'agit de Louis Thomson. J'avais des décisions à prendre, une fois de plus bien pénibles. Les cotes d'écoute d'octobre révélaient une baisse sensible dans la cote de CJMS. Trois vedettes du poste étaient mises en question: Yvan Ducharme, Normand Fréchette et Michel Desrochers. En analysant les chiffres, il fallait absolument que je prenne une décision au sujet des heures qui leur étaient confiées. Et j'étudiais des solutions possibles lorsque monsieur Demers obtint mon départ. Je poussai un soupir de soulagement. D'autant plus que Roch Demers avait oublié ce qu'il m'avait promis lors de mon engagement; j'avais demandé une secrétaire qui réponde à ma façon de travailler. Il avait dit oui mais j'avais eu la bêtise de le croire et je ne le lui avais pas fait inscrire sur le contrat. Non seulement il m'a donné une secrétaire qui ne comprenait rien, mais qui était aux antipodes de mes façons de voir les choses. Et, poussant le culot plus loin, il avait ordonné que la secrétaire que j'avais choisie ne mette pas les pieds dans les couloirs de la station. C'était pousser loin le manque de parole. D'autre part, il m'en voulait «à mort» parce que je lui avais joué un vilain tour. Plusieurs techniciens et annonceurs avaient des contrats à renouveler. Roch Demers, quand j'allais dans son bureau pour parler des augmentations demandées, répondait invariablement: «Soda... cinq dollars d'augmentation par semaine.» Les gars en avaient marre et je ne pouvais accepter un tel esclavage. Je mijotais mon coup, pensant bien arriver à faire augmenter des gens qui touchaient vraiment des sommes plus que pauvres.

Le jour arriva! J'appris que Demers s'était rendu pour la journée à Toronto et que monsieur Crépault se trouvait au bureau de monsieur Demers. J'écrivis rapidement un mémo au sujet des salaires, expliquant que, si l'on ne faisait rien de raisonnable, on allait vers une catastrophe. Et je fis la liste du personnel avec les chiffres que je proposais. Il y avait de grosses différences entre ce que touchaient ces hommes-là et ce que je voulais obtenir. Ma feuille à la main, je me dirigeai vers le bureau directorial comme si je ne savais pas que Demers était absent. Je frappai, puis j'entrai. Je jouai la surprise en voyant monsieur Crépault. Il me dit: «Bonjour Jacques, vous désirez?» Je tournai ma feuille et lui dis que je venais pour discuter des augmentations de salaire avec monsieur Demers. Il me dit: «Quelle est votre opinion à ce sujet?» Je lui expliquai que le moment était venu d'envisager une augmentation substantielle pour les hommes. Il tendit la main vers mon papier. «Montrez-moi ça.» Et il se mit à lire. Bien tassé dans mon fauteuil, j'attendais la réaction. En parcourant mes écrits et en voyant les chiffres, monsieur Crépault avait l'air bougrement étonné. Arrivé à ma conclusion, je disais que si l'on ne faisait rien, il y aurait des ennuis, et qu'un syndicat pourrait s'emparer d'employés mécontents. Me regardant droit dans les yeux, il me posa cette question: «Vous croyez sincèrement ce que vous écrivez et ce que vous dites?» J'affirmai que j'étais certain que l'on ne pouvait plus offrir des augmentations de cinq dollars sans être inhumains et mauvais patron. Il réfléchit durant quelques minutes, puis il me dit: «Vous savez, Jacques, je crois que vous avez raison... Oui, sincèrement je pense que je suis d'accord avec vous.» Alors, je sautai sur l'occasion. Il fallait absolument battre le fer pendant qu'il était chaud. «Monsieur Crépault, si vous vouliez approuver cette missive ainsi que les chiffres indiqués, je pourrai en parler avec monsieur Demers quand je le verrai.» Et monsieur Crépault signa le papier en inscrivant «Lu et approuvé». Je lui dis merci au nom du personnel, et lui précisai qu'il ne le regretterait pas. Puis je sortis du bureau. Je convoquai chacun séparément et lui annonçai son augmentation paraphée par le président. Ce fut la joie parmi les gars. Mais le lendemain il y eut un chapelet de «soda» lorsque Demers apprit ce que j'avais fait. Il voulait récupérer la lettre du président, mais je l'ai gardée pendant longtemps; c'était ma protection et celle du personnel. Inutile de vous dire que mon ami Demers n'avait plus qu'une idée: avoir ma peau. Je m'en moquais car j'avais fait mon métier d'homme et je me respectais. Je me tenais debout. Il y a des hommes d'affaires que je méprise et, même si cela me coûtait une carrière, j'agirais toujours de la même façon. J'ai toujours essayé de prendre la défense de celui qui le mérite; quand le personnel exagérait, je protégeais le patron. Par contre si un patron charriait, j'étais du côté des employés. À ceux qui n'ont pas vu, ou pas su, je peux affirmer que je n'ai pas l'habitude de crier sur les toits quels sont mes actes. Aujourd'hui, j'ai l'âge qui me permet de dévoiler ce que je suis vraiment et ce que j'ai fait. Aussi quand on vient me répéter les conneries que certains racontent sur mon compte, je réponds invariablement que je m'en fous et que je ne veux rien entendre de ces gloussements de vieilles poules inutiles. Ceux qui ont travaillé avec moi me connaissent; cela me suffit. Les autres, ceux qui couchent avec le diable, je laisse à Dieu le soin de faire justice. Si vous saviez le nombre de gens qui m'avaient fait du mal et qui ont déjà payé, vous auriez peur. En vérité je connais deux crasseux qui n'ont pas encore connu le jugement de Dieu. Mais le temps viendra, inexorablement. J'avais terminé mon règne à CJMS en posant un beau geste. Je me sens encore bien plus grand que celui qui n'a rien compris... Plus tard, alors qu'avec Hélène Fontayne, nous avions remporté tous les «ratings» pour le compte de CKVL avec «Dans l'eau bouillante», des propositions nous ont été faites. Demers avait quitté le poste de la rue Berri pour diriger CKAC. Par l'intermédiaire de Pierre David, nous avions reçu une offre de CJMS extrêmement intéressante financièrement. Mais, à cette époque, il y avait une clause dans les contrats qu'offraient les stations de radio stipulant que si l'on quittait une station, nous devions nous abstenir de faire de la radio pour une autre station pendant un délai de six mois. La direction de CJMS sortit sa programmation avec nos noms, Matti-Fontayne, alors que leur avocat, maître Marc Trahan, n'avait pas encore trouvé une solution légale pour que nous puissions travailler immédiatement en quittant CKVL. La solution qu'il trouva était magistrale: puisque nous ne pouvions légalement participer à une émission dans un rayon de 50 milles de Montréal, maître Trahan suggéra que nous allions faire notre émission à Trois-Rivières, station du réseau Radio-Mutuel. De la vraie folie douce. Et je fus convoqué par Jack Tietolman qui venait de recevoir la programmation du concurrent. Il y eut, dans le bureau de Jack, une véritable corrida. Si Jack montait sur le bureau, je montais sur le fauteuil. Mais comme j'aimais beaucoup Jack, nous avons fini par nous entendre et «L'eau bouillante» est restée à CKVL jusqu'au moment où... Mais nous parlerons de cela plus tard. Et je vous révélerai le nom d'un homme qui a fait beaucoup de mal alors qu'il avait l'air si gentil. Les gestes posés par cet homme furent des déceptions terriblement graves. Était-ce la peur qui l'animait ou la pensée qu'il faisait son devoir? Était-ce l'armée qui l'avait ainsi marqué?

La grande époque du disque

Le disque québécois a connu, il y a plusieurs années, une réussite incroyable. Disons tout de suite que tout le monde s'y était intéressé. Les stations de télévision offraient les moyens de donner leur chance à des vedettes qui, jusque-là, restaient dans l'ombre. Et les stations de radio avaient compris tout le parti que l'on pouvait tirer de la vogue de nos artistes. Les palmarès étaient respectés et le public achetait des 45-tours avec de plus en plus d'acharnement. Les producteurs, encouragés par la bonne marche de ce qui devenait une industrie, se battaient avec énergie afin de concurrencer tous ceux qui pouvaient représenter un danger. Chaque producteur devait faire des efforts d'imagination et de qualité. Les vieilles maisons poussiéreuses, qui vivaient surtout de la vente de disques américains ou français, s'aperçurent qu'il fallait donner une place de choix aux productions et aux artistes de chez nous. Et ce fut le boum de l'année 62. L'émission «Découvertes», au canal 10, provoquait la rage des fabricants de disques; on regardait, on écoutait, et on se précipitait sur l'oiseau rare. Nous avons ainsi découvert Christine Chartrand, Claire Lepage, Shirley Théroux et combien d'autres. Ça grouillait dans le métier. Et les bénéficiaires étaient certainement les artistes. J'ai eu la joie de diriger à peu près toutes les plus grandes de nos vedettes. Pierre Lalonde avait un calme très américain; ce fut certainement un des artistes les plus faciles à enregistrer avec Joël Denis. Musiciens, respectant le rythme, ayant de la personnalité, ces deux vedettes ne donnaient que des satisfactions. Serge Laprade était sûr de lui et il aimait les belles choses. Très méticuleux, il voulait toujours obtenir le meilleur. C'est ainsi que pour «Capri, c'est fini», j'avais enregistré une bande d'orchestre avec un chef qui, pour une fois, avait tout raté. Serge était découragé. Je lui dis de ne pas s'inquiéter, que j'allais refaire un autre enregistrement avec une autre formation. Je convoquai Michel Brouillette qui comprit fort bien la chanson. De plus, il avait déjà beaucoup travaillé pour Laprade. Il écrivit un arrangement extraordinaire et nous refîmes l'enregistrement. Serge fut emballé et l'on connaît le succès obtenu par Laprade avec cette chanson. Jacques Michel était un sujet passionnant. Il «voulait» plus que n'importe qui. Il écrivit des chansons et la musique était son pain quotidien. Très gentil, son amitié a duré assez longtemps. Mais des drames dans sa vie ont dû le changer car je n'ai jamais eu de nouvelles de lui depuis des années. Yoland Guérard était l'homme le plus simple. Il avait toujours un mot pour rire, mais, dès qu'il chantait, il ne fallait pas s'amuser. Quant à Monique Gaube, dont on disait dans le métier qu'elle avait un sale caractère, je n'ai rien à lui reprocher. Elle travaillait avec coeur et intelligence. Aglaé fut excellente, mais j'ai l'impression que des gens lui ont dit que les chansons que je lui faisais faire n'étaient pas dignes d'elle. Elle voulut se lancer dans des textes forts, intelligents, et cela ne lui réussit pas. J'adorais Aglaé. Normand Fréchette m'a souvent étonné, et ce ne sont pas ses meilleurs enregistrements qui ont tourné le plus souvent à la radio. Un garçon nommé Sacha avait débuté en lion. Il avait toutes les qualités et il a eu toutes les chances, notamment à la télévision. Mais il ne prenait pas son métier au sérieux, et il disparut de la circulation alors qu'il avait tout pour être une grande vedette, et aujourd'hui il est devenu avocat.

La plus odieuse des artistes fut bien Jacqueline François. On connaissait le succès mondial de cette vedette qui, il faut bien le dire, chantait divinement bien. J'avais réussi à lui faire signer un contrat avec ma compagnie. Georges Tremblay avait fait les arrangements et dirigeait l'orchestre. Il avait même composé une chanson pour elle. Les bandes musicales étaient fort belles. Mais cette dame, une fois dans le studio, fut une des plus empoisonnantes que j'ai jamais connues. À tel point que je quittai le studio. Ce fut Hélène Fontayne qui réussit à la remettre d'aplomb. Le disque était bon, mais les discothécaires boudèrent. Bêtement d'ailleurs. Margot Lefebvre était très difficile à enregistrer. Toujours de bonne humeur, on pouvait reprendre un enregistrement plusieurs fois, elle ne se lassait jamais: «Chocolat... on recommence?» Et on recommençait. J'ai enregistré une fois Michèle Richard pour le compte de Trans-Canada; c'était une chanson de Noël. Il faut dire que c'est très facile de travailler avec cette artiste. Elle écoute ce qu'on lui dit, elle rend immédiatement ce qu'on désire. Ginette Sage était également une artiste avec laquelle il était facile de travailler. De même que Guy Boucher. Ce garçon est bizarre. Il pique des colères pour des choses qui n'en valent pas la peine et il a une interprétation assez curieuse des choses. Il a raconté des faits pour le moins éloignés de la vérité. Autrement, c'est le garçon le plus gentil et le mieux élevé que je connaisse. Peut-être subit-il des influences ou bien c'est son caractère. J'ai découvert Marthe Fleurant. Je croyais en cette chanteuse, mais je n'ai pas réussi à trouver son genre. C'est Gilles L'Ecuyer qui a eu la bonne inspiration. Quel dommage que Marthe n'ait pas continué. J'ai enregistré bien d'autres artistes, mais aucun ne m'a laissé de souvenir. Il y en a qui ont imaginé avoir vendu un nombre de disques qui ne correspondait absolument pas à la réalité. Ils ont raconté bien des sornettes, mais cela m'a laissé indifférent car l'exagération des gens me laisse froid. S'ils sont menteurs, sciemment ou inconsciemment, ce n'est pas ma faute et je n'ai jamais voulu me faire de bile pour des gens qui inventaient des sornettes. Yvan Ducharme a enregistré pour moi un microsillon consacré à sa mère. Je me souviens de ce disque parce que j'étais parti à Paris et que j'avais eu une hémorragie épouvantable dans l'avion, juste avant d'arriver à Paris. Ma chemise étant couverte de sang, on m'avait refusé à l'hôtel Georges V. J'avais trouvé asile dans un petit hôtel près de l'Étoile. Déjà un spécialiste m'avait dit qu'il avait mieux valu que j'aie une hémorragie dans la tête plutôt que d'avoir eu une veine qui éclate dans la tête; j'étais prédisposé. Je suis revenu de peine et de misère à Montréal. Et j'ai continué à travailler. Je pense que je ne me suis jamais très bien remis de cette époque. Ce fut une période moche qui a changé bien des sentiments en moi.

En faisant des enregistrements, nous avons connu bien des choses amusantes. C'est ainsi que Georges Tremblay, un garçon avec qui j'ai eu beaucoup de plaisir à travailler, avait un péché mignon: il arrivait souvent en retard aux sessions. Et toujours il avait une petite histoire différente que je prenais avec un grain de sel; mais un jour il battit tous les records d'imagination. Ce qu'il me dit pour expliquer son retard, je n'ose pas vous dire de le trouver... cherchez... mais cherchez bien... Non, jamais vous ne trouverez; il me raconta qu'ayant beaucoup travaillé, il s'était endormi assis sur la toilette. Nous avons longtemps ri avec cette historiette et nous nous moquions gentiment de Georges que nous imaginions sur son «trône» en plein sommeil, ronflements en sus. Sacré Georges, mais quel travailleur! Et à combien de succès il a participé... Avec Serge Laprade et Maurice Thisdel, à l'époque directeur de la programmation à CKVL, nous avons fait un gueuleton fantastique au Sambo. C'était alors Marion qui assurait les relations extérieures de ce restaurant. Nous avons beaucoup ri et beaucoup bu. Et, pour faire provision d'alcool, nous avions mangé un steak flambé au cognac, tandis que nous achevions le repas avec des poires flambées avec plusieurs alcools et liqueurs. Nous aurions pu enregistrer un disque ce soir-là, tellement nous avions le coeur gai. Georges est un garçon très gentil et je ne l'ai jamais vu se fâcher. Mais une fois il arriva en furie: «Jamais... jamais plus je ne travaillerai avec ce gars-là. Il a des idées de fou et le studio est transformé en musée des bruits. Ce n'est plus de la musique. Et il a voulu me montrer comment jouer du piano...» Il parlait de Tony Roman. Ce producteur a obtenu bien des succès mais il faut reconnaître que, pour trouver des sons nouveaux, il faisait tout ce qui lui passait par la tête. En effet, il voulait que l'on frappe sur le piano d'une certaine manière. Et c'est ainsi qu'il avait eu le culot de vouloir indiquer à Georges Tremblay comment il fallait jouer pour être moderne. Cette fois-là, j'ai vraiment vu notre musicien en colère. Tony Roman était un chic type et il avait des idées. Mais il avait une organisation administrative un peu spéciale. Un jour il me téléphona et me proposa d'enregistrer des longs jeux d'astrologie. Une face par signe. L'idée était amusante et je lui demandai s'il y avait des textes. Il me répondit avec autorité: «Mais, mon Jacques, bien sûr que j'ai des textes. Tout a été étudié...» Bon. Il possédait son studio. Et je lui demandai d'enregistrer à partir de minuit, parce que j'avais énormément de travail à faire. J'arrivai à minuit. Une secrétaire ravissante me tendit quelques feuilles de papier. Je regardai avec curiosité. Cela me semblait bien fait; mais il y avait un problème. Les textes permettaient tout au plus d'enregistrer pendant cinq à six minutes, pas plus. Roman s'affola. Mais, comme je connais un peu les sciences occultes et la définition des caractères d'après le signe astral de chacun, je lui dis de ne pas se faire de bile, que j'allais improviser. Pensez un peu qu'il fallait combler 17 minutes par face, soit à peu près onze minutes d'improvisation par signe. Nous nous sommes retroussé les manches et nous avons enregistré six signes au cours de la nuit. C'est Normand Fréchette qui a enregistré les six autres signes. Il avait tellement de culot, ce Tony Roman, qu'il avait réussi à faire croire à Eddie Barclay qu'il était, lui, Tony, un génie. D'ailleurs à cette époque-là, il y avait plusieurs génies qui se promenaient à Montréal, espérant être élus par Barclay. On avait réussi à entraîner le millionnaire Aubert Brillant dans une aventure. Tous les journaux de l'époque parlaient chaque semaine des chances de l'un ou de l'autre pour diriger Barclay Canada. Ce pauvre monsieur Brillant, à force de se laisser entraîner par les uns et les autres dans des histoires invraisemblables, ce pauvre monsieur Brillant a perdu ses millions. Je l'ai vu il n'y a pas longtemps, avec un équipement de photographe. Il venait de faire des photos des animateurs de CKVL et, comme nous nous étions connus avec Barclay, il me dit avec un bon sourire: «Vous voyez ce que je fais maintenant... Je suis photographe. Et je fais mon métier... Si je vous disais que je suis plus heureux maintenant qu'avec mes millions? Tellement plus heureux... Au moins, quand on me parle gentiment je n'ai pas l'impression qu'on en veut à mon argent...» Comme je comprenais cet homme, car je me souvenais de tous les rapaces qui lui faisaient une cour bougrement intéressée. C'en était écoeurant... Avec Barclay, j'avais signé un contrat pour représenter sa marque «Riviera» et le premier chèque de redevances que je lui portai à Paris était de 8 000$. Il n'en revenait pas. Au moment où j'ai eu des problèmes financiers avec les disques «Fantastic» tout ce beau monde du métier, à Montréal, pensait que je ne m'en relèverais jamais. Et nous avons pris l'avion pour Paris, Fontayne et moi. Lorsque nous sommes arrivés aux bureaux de Barclay, personne ne nous attendait car nous n'avions pas prévenu. La secrétaire nous dit: «Monsieur Barclay a un grand dîner qui réunit tous les vendeurs de province. Je vais lui téléphoner et lui dire que vous êtes là.» Après quelques minutes, elle nous dit de sauter dans un taxi et de nous rendre dans un grand hôtel de Paris. Il nous attendait pour manger avec tout le monde. Il nous accueillit comme seul Eddie Barclay savait le faire, comme un prince. Il y avait des tables de tous les côtés, et monsieur Barclay nous avait réservé deux places à ses côtés. J'avais à lui parler et je m'assis à sa droite. Nous commençâmes à manger puis, se penchant vers moi, il me dit: «Alors, tout va bien? Qu'est-ce qui vous amène ici?» Tout en continuant à déguster mon foie gras, je lui répondis calmement: «Je vais être en faillite.» Il faut dire que Barclay avait un maintien inouï. Il broncha à peine, puis il me fixa un rendez-vous au bureau le lendemain matin: «Nous parlerons de ça.» Et il enchaîna comme si rien n'avait été dit: «Comment vont les amis du Canada?» Plus tard, imperturbable, il nous présenta à tous ses agents: «Nos représentants au Canada.» Applaudissements. Champagne. Et pendant ce temps-là à Montréal, on racontait que nous ne reviendrions plus, que nous avions fui en France. Un bon ami à nous (il est devenu notre ami depuis, car je lui ai pardonné), Frenchie Jarraud, chantait à «Toast et café» sur l'air de «Capri, c'est fini», une parodie qui fit sauter de joie la race inhumaine de notre métier: «Matti, c'est fini». Il chantait juste, mais la nouvelle était fausse. Trois jours plus tard, Jacqueline Vézina organisait à l'Union française de Montréal un cocktail très important pour annoncer son grand prix du disque. Et, alors que tous les crabes patentés buvaient du vin rouge en nous enterrant gentiment, nous avons fait notre entrée, Fontayne et moi, un grand sourire aux lèvres et le coeur serein. La gueule des rois de la plume ou du micro, ça valait la peine. Ils auraient vu revenir Napoléon et Joséphine qu'ils n'auraient pas été ainsi transformés en statues de plâtre. Dix minutes après notre arrivée, nous avions volé la vedette au cocktail. Seule Jacqueline Vézina était heureuse de notre retour; les autres avaient peur en constatant ce retour inattendu, présage d'une force décuplée.

J'allais oublier le «Club des jnobs»

À un certain moment, j'avais été engagé à Radio-Canada comme le scripteur en chef de l'émission «Le Club des jnobs». Mais avant de vous parler de cette aventure, je dois évoquer la fin de ma maison de disques. Comme beaucoup de maquignons du 45-tours, j'aurais pu me promener de maison de disques en maison de disques avec les contrats que je possédais de mes vedettes. J'aurais pu faire le marchand d'esclave ou le propriétaire de club de hockey. J'aurais pu vendre aux enchères du Laprade, du Jacques Michel, du Joël Denis. Avant de tout liquider. Cet argent, j'aurais pu le mettre dans ma poche. Je ne suis pas un négrier. Lorsque ces vedettes sont venues me voir et que je leur ai exposé la situation, certains artistes m'ont demandé si je pouvais leur rendre leur liberté. J'ai rendu leurs contrats immédiatement, sans discussion, à ceux qui me le demandaient. Ils étaient libres. J'avais sous contrat mon imitateur préféré, Claude Landré. Un jour, Denise Filiatrault me demande rendez-vous; elle vint avec Landré. Avec son plus ravissant sourire, elle me dit: «Jacques, j'ai eu du succès avec toi... nous sommes amis. J'ai quelque chose à te demander. Peux-tu rendre son contrat à Claude, il peut avoir une chance ailleurs. Demande-moi ce que tu veux.» Je ne voulais pas d'argent, mais j'avais envie d'enregistrer un disque avec

Denise. J'avais justement une chanson que je voulais enregistrer avec Denise et Laprade. «Je donne son contrat à Claude, et simplement tu enregistres un disque pour moi.» Le marché fut conclu. C'est le dernier enregistrement que j'ai fait. Dans le studio, le son était merveilleux; mais lorsque le disque sortit, c'était un échec. Je l'avais raté et ce disque est mort au champ d'honneur. Depuis longtemps, j'avais remarqué que les producteurs employaient beaucoup un trio féminin qui avait un son vraiment à part. Je m'étais renseigné; il s'agissait des soeurs Gallant. Je voulais les avoir en exclusivité. J'étais allé voir leur maman et j'avais proposé de leur donner une somme d'argent, régulièrement, à chaque semaine, à la condition qu'elles ne travaillent que pour moi. Après discussions, nous avons signé le contrat. C'est ainsi que plus aucun producteur de disques ne pouvait utiliser le talent de ces trois jeunes personnes. Chaque fois que j'avais besoin de choeurs, je les convoquais. On connaît le succès remporté par Patsy Gallant. Mais arrivons au «Club des jnobs». Début septembre, je fus convoqué au service de la jeunesse de Radio-Canada. On m'expliqua que, dans quinze jours (oui, vous avez bien lu), commençait une série, «Le Club des jnobs», avec Geneviève Bujold. Une émission quotidienne! Et il n'y avait rien de fait! Rien! On me demandait de mettre sur pied une programmation pour cinq jours par semaine avec des rubriques différentes chaque jour. On m'engageait comme scripteur en chef. Je devais avoir des scripteurs sous mes ordres. Il fallait livrer un plan en 24 heures. Ça ne me faisait pas peur. Mais il y avait une question de cachet. Lorsque je dis mon chiffre à l'administrateur, il fit un saut sur sa chaise. «Il faut que j'en parle... Je vous téléphonerai pour vous donner la réponse.» Je retournai à mon bureau et je n'y pensai même plus. Il y avait à peine une heure que j'étais là que je recevais un coup de fil: «Venez tout de suite signer votre contrat. Tout est d'accord.» Et, durant toute une saison, j'ai été le scripteur en chef de cette série. Le plus drôle, c'est qu'en fait de scripteurs, je n'en ai rencontré que deux, et une seule fois: c'étaient Gilles Houde et Pierre Luc. Je ne les ai jamais revus. Parfois je recevais quelques textes à vérifier, mais le plus drôle de l'histoire, c'est que les animateurs ne se servaient même pas des textes que je faisais parvenir. Mais moi, je faisais mon travail. Tant pis s'il ne servait à rien. Ce qui me faisait mal au coeur, c'est que j'avais écrit des choses que je trouvais vraiment bonnes. Notamment sur l'histoire de la musique. Je sais qu'on ne s'en est jamais servi: c'était trop difficile à faire, paraissait-il, alors que c'était très simple. Le garçon responsable de toute cette organisation était un rouquin qui faisait des plaisanteries d'assez mauvais goût. Lorsque ma secrétaire lui téléphonait pour l'avertir que je serais un peu en retard, il posait la question intellectuelle et de bon goût: «Pourquoi? ses hémorroïdes lui font mal?» Comme vous pouvez le constater, il était génial. Mais astucieux. Un jour, il me dit: «L'émission du lundi sur le cinéma, vous pourriez peut-être ne plus la faire. Cela vous donnerait plus de temps...» Je lui répondis que je voulais bien ne plus la faire, mais que j'avais un contrat et que cela ne changerait rien au paiement hebdomadaire. Il revint à la charge plusieurs fois. Mais chaque fois, il obtenait la même réponse. Finalement, il m'accorda ce que je voulais. Je ne m'occupais plus du lundi, mais je touchais le même salaire. Le fait me parut curieux jusqu'au jour où j'appris que c'était le frère du monsieur en question, qui devenait le scripteur du lundi. C'est pour cette raison qu'on insistait tellement. Il voulait placer son frangin. Et voilà comment on foutait en l'air l'argent de l'État...

Les saloperies du métier

Lorsqu'on fait le bilan de ce métier, on se demande quels sont les gestes que l'on peut mettre dans la colonne du crédit, en ce qui concerne les attitudes amicales ou simplement correctes. Je vais d'abord citer ce qu'il y a de bon. Lorsque j'évoque ma maladie, alors que la paralysie m'avait cloué au lit, je ne peux m'empêcher de songer à toutes ces vedettes de Montréal, à tous ces amis qui se sont manifestés, depuis Gilles Latulippe, en passant par Mireille Mathieu, et Roland Montreuil, Claude Blanchard, le docteur Jean-Marc Brunet, le grand «boss» Pierre Péladeau. Tous ces gens qui se sont dérangés, en dépit de leur travail. Un Mathias Rioux, encourageant, merveilleux, un Gilles Proulx compréhensif, un Gérard Vermette qui venait avec Maurice Desjardins; ce dernier avait écrit et enregistré une musique relaxante pour moi. J'avais été tellement ému en écoutant cet enregistrement qui était comme un message d'amitié. Et puis Michel Jasmin, un gars qui a connu tout ce qu'il y a de difficile à supporter lorsqu'on se trouve anéanti. Michel m'a téléphoné à plusieurs reprises pour m'encourager, et avec quelle amitié. Même si nos occupations nous empêchent de nous rencontrer, jamais je ne pourrai oublier tout le bien que ce bonhomme m'a fait. Et ce mot de Serge Bélair, avec ces fleurs que je conserve encore; et cette présence continuelle de Solange Harvey; ces mots sympathiques de Frenchie Jarraud. Vous savez, lorsqu'on essaie de faire le bilan de tout ce qu'on nous a donné, on oublie certainement bien du monde, bien des amis. C'est gravé au fond de notre coeur, mais devant une feuille de papier, on est là, impatient, nerveux, car on voudrait pouvoir exprimer ce qu'il y a de meilleur en soi. Lorsque j'ai vu entrer Jean Durand dans ma chambre d'hôpital, et qu'il est resté près de moi pendant un long moment, j'ai revécu bien des moments du temps passé. C'est le seul de la période du «Club des autographes» qui s'est manifesté. Non... j'allais en oublier un, et non des moindres, Pierre Paquette qui me téléphona alors qu'il partait le lendemain pour Pompano Beach. Les autres, ils devaient penser que je n'existais plus ou que ça n'en valait pas la peine. Et puis, quand nous en arriverons aux détails de cette crucifixion sur un lit blanc et neutre, je pourrai vous raconter les bienfaits d'une femme qui s'est dévouée jour après jour, sans jamais se fatiguer d'être bonne. Son mari a toujours participé à cette amicale présence.

Mais, puisque nous en sommes au chapitre des coups bas, nous allons prendre la liste peu sympathique de ceux qui, au cours des années, ont posé des gestes peu élégants. Alors que tant d'amis m'aidaient à tenir le coup, il est un monsieur dont les paroles et les agissements se révélèrent à ce point inamicaux, que des personnalités importantes se sont révoltées. Edward Rémy, puisque c'est de lui qu'il s'agit, a longtemps bénéficié de mon amitié. Il fut un temps, alors que j'habitais Beloeil, où monsieur Rémy passait tous les mardis matins vers six heures, afin de prendre ses papiers, ses potins, que j'avais écrits à sa place gratuitement. Combien de temps cela a-t-il duré? Je ne suis pas assez mesquin pour l'avoir calculé, mais des années se sont passées ainsi, sans mentionner d'autres services que je ne m'abaisserai pas à raconter. Mais monsieur Rémy a sans doute oublié ce que j'ai pu faire pour lui. Quand j'ai été paralysé, Edward a tout fait pour essayer de prendre ma place aux côtés d'Hélène Fontayne. D'abord, il a demandé à Frenchie Jarraud d'intervenir auprès de la direction de CKVL pour suggérer son nom comme remplaçant. Il aurait dû être au moins assez intelligent pour s'adresser à la seule qui aurait pu lui répondre, soit Fontayne. Non, monsieur intriguait. Je me souviens de son papier un peu stupide dans *Échos-Vedettes* où il écrivait à peu près ceci: «Matti est malade, il est à l'hôpital... mais quel est donc ce mystère, de quel mal souffret-il. Il y a un mur de silence et personne ne veut parler.» Et j'en passe. Mais ce qu'il n'avait pas fait, avant de rédiger ce chef-d'oeuvre, c'était de téléphoner à Hélène Fontayne. Il savait très bien qu'elle lui aurait dit de quoi il s'agissait. Mais non, il commençait sa campagne. Quelques temps après, il rencontrait Gilles Proulx à l'anniversaire de mariage de Maurice Côté. Et, bedonnant, béatifiant, archi-sûr de lui, il disait que «Matti est fini, il ne reviendra jamais plus». Une autre fois, continuant sa campagne sans espoir, il rencontra André Rufiange qui me remplaçait à l'émission «La bête et la belle» auprès de Fontayne. Et mon «intellectuel» dit à Rufiange: «Tu continues à CKVL?» Rufiange répondit: «Non, d'ailleurs Matti revient le 2 septembre.» Le représentant intellectuel du canal 10 assura à Rufiange que je ne reviendrais pas à CKVL, ni le 2 septembre, ni jamais, car j'étais fini et qu'il aimerait que Rufiange parle pour lui afin de me remplacer. Il faut tout de même bien qu'il sache qu'Hélène Fontayne avait dit à la direction: «Si Rémy entre dans le studio, je sors.» Et cela avait clos toute possibilité de collaboration. Non, bouboule, Matti était loin d'être fini. Il est entré à CKVL le 2 septembre 1980 exactement et cela fait plus d'un an que je n'ai cessé de participer à notre émission, sauf pour prendre quelques jours de vacances. De mon lit d'hôpital, j'avais téléphoné à Rémy pour lui dire ce que je pensais de lui et de ses déclarations, et, vous le pensez bien, il avait nié. Mais comment douter de la parole de Jarraud, Gilles Proulx et André Rufiange? Grâce aux cotes d'écoute étourdissantes que nous avons eues, Fontayne et moi, nous avons éliminé bien du monde de la radio aux heures où nous étions en ondes. Je crois que vous étiez dans le lot, monsieur Rémy... Que ce cher homme change donc ses habitudes, et il aura peut-être des amis profonds. C'est ce que je lui souhaite.

Il y a tout de même de bons côtés chez tout homme. Ainsi, lors des débuts du canal 10, André Robert et Edward Rémy animaient ce qui allait devenir «Toute la ville en parle». Un jour ils furent remplacés par Roger Gosselin. Ils avaient été renvoyés. Ils rencontrèrent monsieur De Sève qui leur dit: «Mais je ne vous vois plus...» Ils racontèrent qu'ils avaient été renvoyés. Papa De Sève, qui n'aimait pas les petits coups en dessous, et qui n'était dupe de rien, fit une enquête. Bientôt, Robert et Rémy furent réintégrés à leur émission. On avait connu le fond de l'histoire. C'était une vacherie qui venait d'en haut. Figurez-vous que les deux animateurs avaient eu le malheur de critiquer une vedette, Lise Watier. Cela ne leur avait pas été pardonné. C'est vous montrer que, dans ce métier, des décisions sont prises pour toute autre raison que le travail... Paolo Noël ne peut plus mettre les pieds au canal 10 depuis pas mal d'années. Lui qui avait participé au succès de «Toast et café», qui avait animé «Le music-hall des jeunes», il a connu cette forme de marchandage assez dégueulasse. Il avait une série d'émissions. Et on lui demanda d'animer «Le music-hall des jeunes». En toute conscience, il n'aimait pas faire ce travail; alors il répondit qu'il ne voulait pas le faire. Ce fut rapide, sans discussion. «Tu dois le faire, sinon tu perds aussi l'autre émission.» C'est le genre de vacherie qui arrive fréquemment quand un artiste ose tenir tête, même gentiment. C'est

126

ainsi que Serge Laprade a dû refuser de continuer d'animer «Le travail à la chaîne» à Radio-Canada; il n'avait pas admis que l'on engage un revenant de France pour être le grand argentier de l'émission, sans au moins le consulter. Et il l'avait dit. Allez ouste, on mettra quelqu'un d'autre. Dans ces cas-là, le public reproche souvent à la vedette qui devient le remplaçant d'avoir accepté; mais les patrons sont assez bornés qu'ils ne s'occupent pas de savoir s'ils ont tort ou raison, ils sont tout-puissants dans leur bêtise et disent: «Si ce n'est pas toi qui le fais, ce sera un autre...» C'est ainsi que le pauvre Yoland Guérard a accepté de mener le jeu à la place de Laprade. Ce fut un échec, mais les patrons n'avaient même pas pensé à ça... Au tout début du canal 10, j'étais responsable d'un grand nombre d'émissions. Et je passais plus de temps dans les studios que chez moi. Mais voilà... Lorsque quelque chose n'allait pas au cours d'une émission, Robert L'Herbier me demandait ce qui se passait. Je lui donnais mon opinion en toute franchise, sans arrière-pensée. Je m'aperçus que le personnel avait une certaine crainte en travaillant là où je passais. Et je sus un jour que le patron, lorsqu'il critiquait une émission, disait: «Matti m'a dit que un tel n'était pas bon.» Alors vous pensez si j'étais considéré comme étant l'âme damnée de la direction. Par la suite, je pris mes précautions et je m'abstins de juger qui que ce soit.

Un jour, je travaillais avec un garçon que je respecte beaucoup, Jacques-Charles Gilliot. Il faisait ses débuts de réalisateur pour une petite émission de variétés. Nous avions un orchestre très réduit et le guitariste jouait très mal. Nous en avons parlé avec Gilliot et nous avons convenu qu'il fallait le remplacer. Gilliot était nouveau comme réalisateur et il me demanda si je voulais bien régler ce cas. J'allai trouver le chef d'orchestre et lui dis de changer son guitariste pour la prochaine émission. Jus-

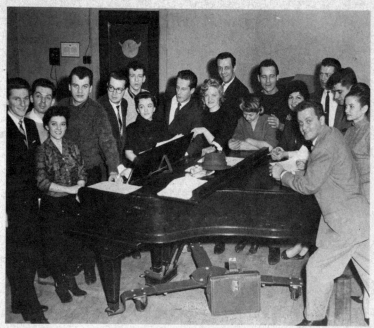

Une époque, plusieurs artisans du «Club des autographes» à Radio-Canada. On reconnaît André Lejeune, Maurice Dubois, Michelle Laprise (Danielle & Michelle), Claude Vincent, Michel Brouillette, Danielle Laprise (Danielle & Michelle), Pière Sénécal, Pierre Paquette, Ginette Sage, Jen Roger, Christiane Breton, Paolo Noël, Margot Lefebvre, Jean Durand, Michel Louvain, Charlotte et André Roc.

Lors d'un cocktail au début des années 60, Jacques Matti, Jen Roger, Yoland Guérard, Claude Girardin, Pierrette Roy, Roger Miron, Pat Di Stasio et Rosaire Archambault.

Un travail d'équipe.
À l'écoute de disques pour «Le Club des autographes».
Michel Brouillette, Jacques Matti et Maurice Dubois.

Un autre rendez-vous en l'honneur de la chanson québécoise,
Jacques Matti, Lizette LeRoyer, Yoland Guérard, Robert
L'Herbier, John Damant, Ginette Sage, Gaétane Létourneau,
Suzanne Deslongchamps, Pat Di Stasio, Pière Sénécal, Louis
Morisset, Rollande Désormeaux et Pierre Paquette.

Lors de la préparation de mon émission de chansonnette française sur les ondes de Radio-Canada.

Mes premières neiges au Québec.

Au début des années 60, un coup de maître: faire enregistrer un disque au super-joueur de hockey Bernard «Boom Boom» Geoffrion.

À l'époque de «Toute la ville en parle» avec Edward Rémy.

La première équipe de «Bon dimanche» avec son animateur Serge Bélair.

*La réconciliation à la suite de la célèbre affaire Matti/Donald
Lautrec.*

*Discussion amicale au cocktail d'Eddie Bar-
clay, en compagnie de Roland Giguère et de
Jean-Louis Marquet, impresario de Charles
Aznavour.*

En février 1963 sur les ondes de CKAC.

*Une célébration: un an à CJMS, Roch De-
mers, Paul-Émile Baulne, Évelyne Letêcheur et Jacques Matti.*

Une autre série télévisée «Vedettes Vérité». Sur la photo en compagnie du regretté Paul Guévremont.

Une émission radiophonique qui a atteint des sommets inégalés, «Dans l'eau bouillante», avec Hélène Fontayne, à CKVL.

Jacques Matti et André Robert.

Avec la barbe.

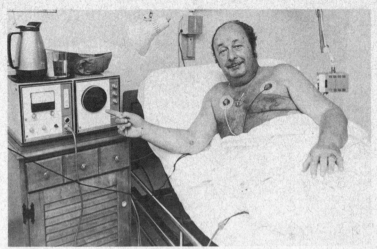

À l'Institut de cardiologie de Montréal, lors de ma première crise cardiaque.

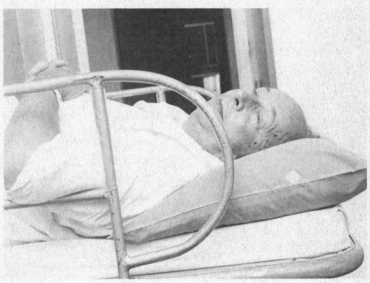

On m'emmène dans la salle d'opération de l'hôpital Maisonneuve lors de mon opération à coeur ouvert.

En compagnie d'Hélène Fontayne, avec Jean Duceppe, un exemple de courage et d'amitié.

À Miami en 1977 avec Gérard Vermette, Michel Louvain et Jean Baulne.

Du repos et de nouvelles forces, sur le paquebot Raffaelo, avec Serge Laprade et Hélène Fontayne.

Après ma thrombose cérébrale, mon livre de chevet, un présent de Pierre Péladeau, «Le Sermon sur la montagne».

Le 2 septembre 1980, lors de mon incroyable rentrée à CKVL.

Au cours de l'été en train d'écrire ce livre.

que-là tout allait bien. Mais pourquoi Jacques-Charles a-t-il éprouvé le besoin d'aller se plaindre dans le bureau de L'Herbier en signifiant que Matti s'occupait de tout et que j'avais même changé le guitariste? Lorsque j'appris cette version, je n'ai rien dit, mais je me suis juré de laisser les gens mariner dans leur jus, embêtés ou pas. Au cours de l'émission «De un à dix», il y a eu bien des ragots et surtout bien des vacheries. Tout le monde jouait au jeu de quilles. Au 10, comme dans beaucoup d'endroits, il faut faire attention quand on vous dit: «T'inquiète pas, ce n'est pas telle personne qui partira...» Alors que je me plaignais de l'ambiance sur le plateau de «Un à dix» et que je disais ce que je pensais à L'Herbier, que Paquin créait un mauvais climat et qu'il faisait tout pour éliminer Fontayne, L'Herbier me répondit avec un bon sourire: «Ce n'est pas Hélène qui partira.» Et pourtant ce fut elle la première congédiée. Je fus le second. Mais quelle vengeance quand nous avons vu s'écrouler cette émission. Paquin avait joué, gagné une manche, mais perdu une partie, pour ne pas dire la guerre. Je me suis toujours demandé ce que cela donnait à des gens intelligents d'agir de cette façon. Car Paquin était un garçon fin et intéressant. Ç'aurait même pu être extrêmement agréable de travailler avec lui. Mais il avait des phobies et l'on ne pouvait rien contre ça. À l'époque, il y avait «Découvertes» et Paquin faisait passer des auditions. Un jour, ce fut un raz-de-marée dans l'immeuble. Jean-Claude Leblanc me dit que l'on avait trouvé une nouvelle chanteuse extraordinaire et qu'il allait essayer d'en devenir le manager. Paquin, lui, jubilait: «Jacques, elle est formidable. C'est une découverte incroyable. Mais il y a déjà des requins qui tournent autour.» Durant des jours j'ai entendu les réflexions des uns et des autres. Une grande bataille se jouait autour d'une découverte qui a effectivement fait ses preuves. C'est une de celles, parmi toutes nos vedettes, que je préfère, que ce soit au point de vue amitié ou professionnel: Shirley Théroux. Grâce à son talent, elle a évité les vacheries qui se tramaient dans son dos.

Lorsque Pierre Lalonde quitta le canal 10, c'est uniquement une question de gros sous qui a joué. La vacherie est venue d'un artiste qui a accepté un salaire nettement inférieur à ce que demandait Lalonde. Si, par exemple, Lalonde touchait 1 200$ par semaine, Michel Girouard demandait 600$. Notez que ce ne sont peut-être pas les chiffres exacts, mais c'est pour vous donner une idée des trafics et de la mise en concurrence créée par la direction. C'est ainsi que Jean Duceppe et Pierre Lalonde battaient des records de popularité avec «Parle, parle, jase, jase», mais que la direction, sous des prétextes assez curieux, les a remerciés. Pour les remplacer par Réal Giguère dont les cotes d'écoute sont tombées aux alentours de 500 000 au lieu de 900 000, et cela au bout de quelques mois. Pourquoi ce changement? Quelle est ou quelles sont les raisons exactes? Nous ne le saurons peut-être jamais. Mais souvent je me suis rappelé une phrase de L'Herbier alors que nous déjeunions ensemble chez Desjardins... «Il vaut mieux rire parfois, plutôt que pleurer.» Lorsque je parle de salaires, je ne critique pas les artistes. Que voulez-vous, si l'on offre la chance à un artiste d'avoir une émission, il serait mal venu de refuser. Ce sont les gros, les tireurs de ficelles, qui exagèrent un peu, car ils se préoccupent plus de leur avantage financier que de la qualité du produit offert.

On a souvent dit qu'il y avait des histoires de couchette dans ce métier. Oui, bien sûr, mais j'ai vu ça dans la mode, et dans beaucoup d'autres métiers. Aussi, vous ne lirez pas de scandale sur les abus sexuels des uns et des autres dans ce livre. Je reste et veux rester un reflet de la vie professionnelle, sans m'occuper des saloperies qui sentent les draps. Si je vous disais que tel journaliste faisait l'amour dans sa voiture avec une starlette en mal de publicité, si je vous racontais qu'il y a eu des bureaux accueillants dans certains immeubles et si je parlais de ces jeunes chanteurs qui venaient me trouver en disant: «Tel producteur de disques m'a dit que je ferais un disque si je couchais avec lui... Qu'est-ce que vous en pensez?» Je pourrais donner des noms, mais tel n'est pas mon but. Je ne veux pas trahir les confidences sentimentales ou sexuelles de quelque vedette que ce soit. C'est un genre de littérature qui ne sera pas utilisé dans ce livre.

Dans ce métier, il y a un grand danger qu'il faut savoir éviter. C'est qu'une personnalité se laisse dévorer par une utilisation exagérée. Périodiquement, on va se servir une vedette à toutes les sauces. Puis on la laissera tomber comme une vieille chaussette quand on aura pressé le citron. Une certaine année, on ne voyait que Jacques Morency au canal 10. Ils l'ont vidé en un an. On le reprend maintenant, après l'avoir complètement abandonné pendant des années. Pendant des années André Robert était l'animateur sérieux du 10. Soudain on l'estime «brûlé» et on ne le voit presque plus. Raymond Lemay a été l'animateur fantaisiste, commercial, l'animateur à tout faire; maintenant on ne le voit plus et on ne l'entend plus. Pourquoi? S'il était tellement bon hier, il n'y a aucune raison pour qu'il soit devenu pourri. Serge Bélair, c'est autre chose. On l'a tellement écoeuré qu'il ne veut plus entendre parler de télévision. C'est un homme qui se tient debout et qu'on ne fera pas ramper comme un petit toutou.

Un garçon qui nous a été servi en rouge, en noir, de toutes les couleurs, c'est Jacques Desrosiers. Et puis plus rien; le bonhomme a disparu de l'antenne, lui et son Patof. Il en fut de même pour Claude Blanchard et Léo Rivet. Janette Bertrand a connu la même usure puis, elle est revenue. Maintenant on l'épuise et elle nous épuise. Michel Girouard a été, pendant au moins deux ans, une personnalité du canal 10. Il avait son émission, sa chronique à «Bon dimanche» et il animait des galas. C'était le numéro un du 10; tout à coup, plus rien. Qu'est-ce que ça veut dire?

Il existe pourtant des personnages qui résistent à tous les bouleversements. À chaque changement de programmation, vous les retrouvez; bons ou pas bons, ils font partie des meubles. On ne sait quelle main magique les protège, mais leur présence devient une habitude, presque un fantôme. Ainsi Fernand Gignac et Jacques Lebrun. Gignac et ses programmes, ça ne vaut même pas la peine d'en parler, tellement c'est indifférent, pour ne pas dire insipide. Quant à Jacques Lebrun, oublions, par pure charité chrétienne, le livre scientifique qu'il a publié il y a quelques années. Mais il y a un fait qu'il faut souligner. Un jour, le canal 10 l'avait engagé pour mettre en boîte le professeur Henri Gazon à propos de soucoupes volantes. Jacques Lebrun ridiculisait Gazon en soutenant qu'il n'y avait pas de soucoupes volantes. Cela ne l'a pas empêché, quelques années plus tard, de faire des émissions sur le même écran du 10, au sujet des soucoupes volantes. De qui se fout-on? Je suis très heureux que Guy Godin soit encore là; c'est moi qui l'avais recommandé au 10. Il y a même une note à ce sujet dans un tiroir de bureau. Quant à la dernière, elle est tombée sur un gars tellement gentil, tellement honnête et tellement travaillant, que c'en est écoeurant. Depuis des années, Phil Laframboise était le scripteur de «C'était le bon temps». Non seulement il écrivait les textes, mais il a fourni les photos, les longs jeux, les éditions de chansons, un matériel impossible à trouver si l'on n'est pas un collectionneur tel que Phil. Mais lorsqu'on a repris des émissions durant tout un été, on a refusé de verser une redevance à Laframboise. Il est pourtant reconnu que l'on doive verser à peu près 75%

du cachet quand une oeuvre est reprise. Pour que Laframboise se fâche, il faut vraiment avoir dépassé les bornes.

Des vacheries, il s'en produit tellement que je pourrais écrire un livre consacré à ce genre de petites cochonneries. C'est presque coutumier. Moi, j'en ai subi une, à Radio-Canada. J'avais animé «Paris chante et danse» durant huit ans à la radio d'État. Puis, un jour, François Bertrand fut nommé directeur de la programmation. Il me demanda de préparer une heure par jour de musique pour les jeunes. Je proposai Pierre Paquette comme animateur. L'émission avait pour titre «J'aurais voulu danser». Petit à petit, par plaisir, je venais au studio et je donnais la réplique à Paquette. Tout allait très bien. Cela dura un certain temps. Mais je voyais que Paquette commençait à faire la tête. À tel point que nous avons déjeuné ensemble, avec Binet, notre réalisateur, pour faire le point. Paquette aimait un autre genre de musique que celle que je programmais. Pourtant je vous rappelle que c'est à moi que l'on avait confié le soin de choisir les musiques. Et que c'est moi qui avais demandé Paquette comme animateur. Par amitié, je cherchai une solution qui nous plairait, à Pierre et à moi. J'eus l'idée de proposer de choisir chacun nos disques, avec une demi-heure pour l'un, et une demi-heure pour l'autre. Il y aurait la demi-heure de Paquette et la demi-heure de Matti. Nous en restâmes là. À ce moment, j'étais le scripteur de «Music-Hall» que réalisait Lisette Le Royer. Il y avait eu une grande réception avec la direction de Radio-Canada. Et tous ces messieurs me disaient combien ils aimaient la musique choisie à «J'aurais voulu danser» et que le contrat allait être renouvelé. Je ne me doutais pas de ce qui se passait ailleurs. Un dimanche, nous étions en pleine répétition de «Music-Hall» au studio 42, boulevard Dorchester, lorsque soudain, Pierre Paquette surgit, accompagné de sa ravissante femme. Il avait un air assez bizarre. Il me demanda si j'avais quelques minutes, car il voulait me parler. Justement j'allais déjeuner. Nous sortîmes du studio et je lui racontai la conversation que j'avais eue avec les patrons de Radio-Canada, que le contrat de «J'aurais voulu danser» allait être renouvelé. Sa réponse fut brève, sèche et coupante: «Il n'y a plus d'émission. Je suis allé voir le directeur général et je lui ai dit que je ne voulais plus animer cette émission... À la place, je vais avoir ma propre émission.» En effet, il fit une émission, en compagnie de la regrettée Colette Devlin. Moi, ce n'était pas l'émission qui me manquait. J'en avais vu d'autres. Mais que ce soit un ami qui ait torpillé un programme que je lui avais amené, je ne pouvais y croire. Peu m'importait d'avoir perdu une émission, mais j'avais surtout perdu un ami. Une illusion. Et c'est ce qui fut le pire.

Mes batailles journalistiques

Je me tâtais; je me demandais si j'allais aborder mes aventures journalistiques. Et puis je me suis décidé. Moi qui ne cache rien, qui ne veux rien cacher, vous seriez en droit de me poser la question: «Pourquoi n'a-t-il pas parlé des journaux?» Évidemment. J'ai débuté par une chronique dans *Le Journal des Vedettes*, dirigé par André Robert. Cela a duré des années; ce n'était pas le temps des vaches grasses dans le journalisme. Tout semblait bien aller, jusqu'au jour où André Robert est parti en vacances. Pierre Péladeau me fit venir dans son bureau; il y avait des choses qu'il n'aimait pas et il m'a proposé de diriger *Vedettes*. Je lui dis qu'André était un ami, ce à quoi il me répondit que sa décision de changer de direction ne mettait nullement en jeu, ni son amitié, ni son respect professionnel pour André, mais que, de toute façon, il allait confier à un autre les destinées de ce journal. Dès qu'André rentra, il fut mis au courant et je lui dis que je n'accepterais pas de le remplacer sans son avis. Il me répondit: «Accepte, je préfère que ce soit toi car comme ça, je pourrai continuer à travailler pour toi.» J'ai donc accepté l'offre de monsieur Péladeau. À cette époque, nous avions un seul bureau pour un journal, rue Crescent. Le directeur n'avait pas tous les avantages des privilégiés de maintenant; nous faisions notre maquette nous-mêmes, car on ignorait complètement ce qu'était un maquettiste. De plus, nous étions trois pour rédiger un journal assez important; c'était la grande époque du journalisme. Il fallait vraiment connaître son métier pour le faire. Je travaillais beaucoup avec la regrettée Nelida Turgeon, dont le fils Serge est l'excellent comédien que l'on connaît. Les journaux étaient imprimés en typo et nous passions des nuits entières rue Plessis, à l'imprimerie de Pierre Péladeau. Nous corrigions toutes les épreuves et je vous jure que les yeux en prenaient un coup. Lorsque j'ai quitté la direction, madame Turgeon prit la relève. J'avais toujours ma chronique. Un jour, Péladeau nomma un directeur général qui supervisait tous les journaux. C'était Gilles Morin qui était alors marié à Renée Claude. Il me convoqua à son bureau (décidément c'était une habitude) et me proposa de reprendre la direction de *Vedettes*. Les choses allaient mieux; nous étions installés rue Papineau et il y avait un commencement d'organisation en ce qui concerne les maquettes, les photos. J'ai travaillé avec une équipe extraordinaire. André Robert et Edward Rémy avaient lancé *Échos-Vedettes*. Il m'est arrivé de leur donner un coup de main amical. Pourtant monsieur Péladeau désirait fortement acheter ce journal qui commençait à avoir un bon tirage. Un jour, ce fut fait; Pierre devenait propriétaire de *Échos-Vedettes* et il m'envoya avec mon équipe de *Vedettes* aux bureaux de *Échos*, près de la rue Fullum. Marcel Brouillard fut nommé directeur de *Échos* et je devenais le gérant responsable de tout ce qui se passait dans ce bureau. Je fis construire des séparations afin que les deux journaux aient chacun leur vie indépendante. Pour qu'il y ait une continuité aux yeux du public, en accord avec Péladeau, nous avions engagé Edward Rémy comme directeur général de *Échos-Vedettes*. Il n'avait rien à faire, sinon toucher un salaire hebdomadaire.

Bientôt, il y eut des problèmes et je pris la direction des deux journaux. Nous avons nettement augmenté les tirages. Tout allait très bien, dans une ambiance de camaraderie et de travail merveilleuse. Une fois de plus, il y eut des changements; on abandonnait les anciens bureaux de *Échos* pour revenir à la maison-mère, rue Papineau. En me battant comme un beau diable, j'avais obtenu d'avoir le deuxième étage uniquement pour les deux bureaux.

Pierre Péladeau a toujours aimé nous faire des surprises. Alors que tout allait admirablement bien, il nous flanqua dans les pattes un grand monsieur bien sérieux, bien classique, mais bien gentil. Quand je voyais arriver un nouveau directeur général, je savais qu'il y aurait des changements, et pas pour le meilleur. Mais ça ne m'énervait pas. Le nouveau, Normand Robidoux, a commencé par faire des coupes sombres. Il supprima la secrétaire. Je descendis dans son bureau et je lui dis: «Vous savez, j'en ai vu passer des dizaines comme vous; moi je suis encore là... tandis que vous, je ne vous donne pas plus de trois ou quatre mois.» Il y eut un froid; mais le bonhomme n'était pas bête. Il constatait la progression des ventes et il oublia son orgueil. Ainsi, un jour il se présenta à mon bureau et me proposa la gérance de la rédaction de tous les magazines. J'acceptais, à condition de garder la direction de *Échos-Vedettes*. On nomma Hélène Fontayne directrice de *Vedettes* et j'avais mes responsables pour chacun des autres journaux. Mine de rien, nous avons fait grimper la vente des hebdos à 550 000 par semaine, un chiffre record. Nous avons maintenu ce volume de ventes pendant des semaines, mais Robidoux avait un défaut, il voulait faire du journalisme. Il voulait écrire, diriger un journal. Comme j'ai toujours été attentif à ce qui se passe autour de moi, j'avais entendu dire qu'il voulait m'enlever la gérance, et pour cause, mais qu'il confierait la direction de *Échos* à quelqu'un d'autre. J'étais sur mes gardes et je préparai mes arrières. J'avais reçu des propositions pour créer un journal et je n'avais pas du tout l'intention de me laisser marcher sur les pieds. Et ce pauvre Robidoux (que j'aime bien, malgré tout) commit la pire connerie de sa carrière. Alors que Fontayne venait d'atteindre les 52 000 exemplaires vendus avec *Vedettes*, j'entrai dans le bureau de Robidoux pour manifester ma joie. Bêtement, il me flanqua une douche froide: «Je regrette, mais je voulais justement t'annoncer que Fontayne n'était plus directrice de *Vedettes*... J'ai décidé ça!» Je suis trop bien élevé pour confier à un livre les mots que je lui ai envoyés à la figure. Je filai dans le bureau du grand patron et lui annonçai ma démission. «Pierre, le grand Robidoux a mis à la porte un directeur qui a remonté le journal, sans m'en parler... Je m'en vais. Nous sommes lundi... je quitterai mes fonctions de gérant et de directeur de *Échos-Vedettes* vendredi. Et je vous annonce que le vendredi suivant, il y aura un nouveau journal sur le marché.» J'avoue que ma décision prenait tout le monde par surprise; mais pendant deux jours je suis sûr que Pierre ne m'a pas cru. C'est le jeudi qu'il me convoqua: «Alors comme ça, c'est vrai? Vous faites un nouveau journal. Je le sais car je viens de recevoir la démission de votre maquettiste... Elle part avec vous?» Je ne voulais rien lui cacher: «Non seulement j'emmène ma maquettiste, Yolande Charest, mais tous mes journalistes, Pascale Perrault, Hélène Fontayne, Fernand Patry et mon photographe, Guy Provost.» Monsieur Péladeau avait l'air de sourire, comme s'il ne pouvait croire en cette aventure. «Mais il vous faut des bureaux, des meubles, des machines...» J'avais déjà tout ça. Tout était installé. Le journal s'appelait *Le Secret des vedettes* et j'étais sûr de le lancer sur le marché le vendredi suivant. Pierre Péladeau ne voulait pas que je parte; mais je lui confirmai que le coup de Robidoux était insupportable et que je ne voulais plus travailler avec lui. Pendant ce temps, Robidoux avait pris la direction de *Ve-*

dettes, avec Constantineau, un journaliste très sérieux mais incapable de s'adapter à un tel journal.

Le vendredi soir, à onze heures, je reçus un coup de fil de Pierre. J'habitais à ce moment-là à Châteaugay. Il me proposa de rester, affirmant que je n'aurais plus affaire à Robidoux. Malgré toute l'amitié sincère que j'avais pour Péladeau, je ne pouvais reculer: les bureaux étaient loués, l'imprimerie retenue, le distributeur engagé, et c'est avec regret que je quittai Pierre.

Le vendredi suivant *Le Secret des vedettes* paraissait. J'avais eu le culot de le vendre cinq sous plus cher que les autres hebdos; nous avons vendu 42 000 exemplaires. Et cela a duré trois ou quatre mois; les ventes étaient excellentes, mais le bailleur de fonds était d'humeur changeante, pour le moins. Souvent, nous nous téléphonions, monsieur Péladeau et moi. Un jour nous avons déjeuné ensemble; naturellement nous avons parlé du journal. Et nous avons conclu un marché. Il achetait le journal avec tout le matériel et, comme c'est un homme intelligent, il reprenait tout le personnel qui m'avait suivi. Lorsque le propriétaire du *Secret des vedettes* discuta des conditions avec monsieur Pierre Gauvreau, directeur général et financier des journaux de Péladeau, Gauvreau lui dit carrément: «Vous savez, si nous rachetons votre journal, c'est uniquement pour récupérer Matti et son équipe.»

Non seulement monsieur Péladeau acheta *Le Secret* mais il nous rendit *Vedettes*. Ces deux journaux étaient réalisés aux bureaux de la rue Van Horne jusqu'au jour où l'on me proposa de nous installer dans un hôtel particulier, rue Stanley. C'était un conte de fées. Les gens qui nous prêtaient cet hôtel particulier étaient toujours absents. Nous occupions tout un étage, avec bureaux somptueux ainsi qu'une salle de rédaction merveilleuse. Au rez-de-chaussée, dans des placards, il y avait une vaisselle magnifique. Nous aurions pu nous servir à volonté, mais je n'aurais jamais toléré une erreur vis-à-vis de gens aussi impeccables. Mais il était écrit que nous retournerions rue Papineau. Pour des raisons financières, nous avons regagné nos pénates. J'avoue que j'ai mal supporté l'étroitesse des locaux. De plus, encore une fois, il nous fut imposé un nouveau superviseur. Alors là, je n'en pouvais plus.

J'avais rencontré Jacques Francoeur et je lui avais proposé un nouveau journal; il se souvenait des chiffres de ventes que j'avais obtenus et il accepta de financer cet hebdo. Je voulais frapper un grand coup. J'eus l'idée de proposer à deux compères, André Robert et Edward Rémy, de devenir journalistes, avec Hélène Fontayne, dans cette nouvelle parution. Nous avons pris rendez-vous pour déjeuner ensemble. Et puis André et Edward ont avoué qu'ils n'étaient pas intéressés à devenir journalistes mais que, par contre ce serait mieux de devenir propriétaires du journal. L'idée n'était pas bête. J'allai trouver Francoeur et je lui expliquai notre idée. Il accepta, à condition d'en être l'imprimeur et distributeur. Rendez-vous fut pris au bureau de Francoeur entre Robert, Fontayne, Rémy et moi. Nous avons fondé notre société et nous avons décidé de commencer immédiatement. Au nom du distributeur, Francoeur nous avança 10 000$ que nous avons rendus en deux mois. Edward Rémy nous dit qu'il avait rencontré Anita Barrière et qu'elle avait un local à sous-louer sur le parc Lafontaine. Elle y avait dirigé un institut de charme et de personnalité. C'était ravissant et pas cher. Nous avons acheté les bureaux et l'équipement. Et nous sommes passés à l'attaque... C'est le distributeur qui m'a téléphoné un jour pour le titre. Moi, je croyais beaucoup en *Gala*, mais il me dit: «Pourquoi pas

Gala des artistes?» Immédiatement j'ai fait déposer ce titre par mon avocat. Le premier numéro est sorti; avec nos quatre noms, notre valeur de journalistes, nos situations à la télévision et à la radio, ce fut un succès foudroyant: 62 000 exemplaires pour le premier numéro. Et encore une fois j'avais majoré le prix de cinq sous par rapport aux hebdos de Péladeau... Les ventes étaient extraordinaires et nous vendions de la publicité à en faire frémir n'importe quel propriétaire de journal. Seulement voilà, la vie n'est pas toujours simple; nous avions fait une croisière de vingt jours sur le *France* et nous étions revenus, Hélène Fontayne et moi, pour trouver un journal considérablement diminué au chapitre des ventes. Nous n'étions pas d'accord. C'étaient Robert et Rémy contre Fontayne et Matti. Nous avions une conception complètement différente et il fallait prendre une décision; ou bien ils gardaient le journal et nous rachetaient nos parts, ou bien nous leur rachetions les leurs. Ils préféraient nous céder leurs parts. J'allai donc voir Jacques Francoeur. Et là j'appris qu'en notre absence, André Robert était venu voir Francoeur pour lui proposer de racheter nos parts. Francoeur avait répondu qu'il attendrait mon retour. Et nous convînmes que Jacques Francoeur, au nom de Unimédia, achèterait les parts de Robert et Rémy. Nous devenions donc co-propriétaires à parts égales du journal. André Robert et Edward Rémy étaient loin d'y perdre dans cette affaire, mais ce que je n'ai pas aimé, ce sont les déclarations un peu farfelues de Rémy, dans le magazine *Le Lundi* où il disait que Robert et lui avaient quitté *Gala* parce qu'il était très difficile de s'entendre avec Matti et Fontayne. De plus il ajoutait: «Ça ne pouvait pas durer... Nous avions chacun un salaire bien trop élevé.» Ou bien c'était de l'inconscience de parler comme ça, ou du commérage stupide, car c'était d'un commun accord que nous avions fixé ces salaires et il était bien content d'encaisser le sien, sans parler des bonis de fin d'année qu'il n'a pas proposé d'ajouter au capital de la société. Ce monsieur a touché tous les chèques qui lui revenaient sans jamais protester; les questions financières, c'est moi qui les réglais. Robert et Rémy ont gagné sans efforts. Il aurait donc pu se dispenser de cette confidence à un journaliste... D'ailleurs, Rémy s'était brouillé avec Robert à la suite de la vente de *Échos-Vedettes*, puis l'on a connu le désastre du magazine *Spec* où, encore une fois, Rémy s'est fâché avec Robert. Sans parler de leurs engueulades au cours de leur émission à CJMS. Et je n'ai jamais lu une déclaration d'Edward au sujet des salaires abusifs qu'ils s'étaient alloués à *Spec*.

Nous avions trouvé un nouveau local, rue Rachel. Vous auriez été jaloux de notre installation. Une vraie vie de famille. Chacun avait son propre bureau et nous disposions d'une immense cuisine. Je vous jure qu'elle a servi, la cuisine. Le matin, chacun préparait ses oeufs et son café, et Hélène Fontayne nous demandait ce que l'on voulait manger le midi. Le choix se portait souvent sur un gigot que la belle Hélène nous préparait. Tous cotisaient et, à peu de frais, nous faisions des gueuletons royaux. Toute l'équipe mangeait là. Et pourtant, je vous le jure, ça travaillait magnifiquement bien. Tout roulait à merveille, jusqu'au résultat de l'affaire Giguère.

C'est avec des larmes dans les yeux que nous avons petit à petit abandonné le navire. Les derniers au poste furent Fontayne, Yolande Charest, la maquettiste, Guy Provost, le photographe, et Muguette Dionne, la secrétaire et confidente. Fernand Patry tint jusqu'au moment où il dut partir pour Chicoutimi où il devenait responsable de la comptabilité d'une grande écurie. Malgré tout, nous ne pouvions nous empêcher de rire en imaginant Fernand comptable, lui qui avait toujours été incapable de gérer son budget personnel. C'était un journaliste délicieux d'un talent indiscutable. Les gens du milieu ne l'aimaient pas parce qu'il avait l'habitude de dire ce qu'il pensait. Après trois ans d'une existence passionnante, le journal *Gala des artistes* changea de propriétaire lorsque, de Miami, je transigeai avec Francoeur pour qu'il reprenne la totalité des parts du journal. Inutile de vous dire que Pierre Péladeau n'a pas fait la même chose que pour le *Secret des vedettes*. Il me dit un jour une vérité que je n'ai jamais plus oubliée. Avec son sourire un peu moqueur, il m'avait dit: «Jacques, vous qui avez le talent de nous prendre tant d'argent, à nous les patrons, pourquoi avez-vous voulu devenir patron vous-même?» Cette leçon m'est restée, et je m'en trouve maintenant tellement bien...

Le journalisme m'a apporté bien des satisfactions et, durant des années, j'ai mené la barque dans le domaine artistique. Je l'ai fait honnêtement. Jamais je n'ai attaqué le premier, mais il ne fallait pas me doubler. J'ai connu des démentis, des procès, notamment avec Yolanda Lisi. J'ai toujours gagné, sauf une fois, et c'est drôle, mais ce n'est pas moi que le public a abandonné... J'ai connu et aimé Péladeau, je fus un patron apprécié par ses employés, j'ai créé bien des choses dans ce domaine et me voici maintenant, avec une seule main valide, à écrire des biographies, dont la mienne. En premier, naturellement. Mon prochain livre sera consacré aux femmes dans ma vie; je n'ai pas à me plaindre. Et il y en aura un autre dont le titre à lui seul sera toute une révélation; même Roch Poisson n'en connaîtra le contenu qu'après l'avoir lu...

La première porte ouverte sur la mort

J'avais des activités incroyables. Et, pour tout arranger, j'acceptai de faire la publicité d'Yvon Dupuis qui se lançait dans une campagne électorale où il avait tout à gagner et rien à perdre. La nuit, je tournais les films avec Yvon, Camil Samson et Roy. Je terminais vers huit heures du matin, et j'allais faire une toilette rapide afin de me trouver à l'heure à CKVL pour l'émission «Dans l'eau bouillante». L'après-midi, je devais me rendre à notre journal, le *Gala des artistes*. Il m'est souvent arrivé de ne pas dormir des 48 heures. J'ai vécu cela pendant plus de quinze jours. Aussi j'ai commencé à payer. Un matin, je me levai assez fatigué. J'avais comme un goût de sang dans la bouche. Et ma vision s'embrouillait. Tenant à peine sur mes jambes, je me dirigeai vers une pharmacie, près de CKVL, et je demandai un calmant. Je ne devais pas avoir l'air bien brillant, car la pharmacienne me dit: «Vous êtes sûr que vous allez travailler?» Je sentais que j'aurais bien du mal à tenir le coup, mais il fallait que je me rende à la station. J'y arrivai mais j'avais l'impression pénible de ne plus poser les pieds par terre. Je flottais, je planais. La vie n'était plus au-dessous de moi, mais au-dessus. J'avais la tête près du ciel et le coeur au bord des lèvres. J'ai commencé l'émission, mais cela ne s'arrangeait pas du tout. À la faiblesse, aux tremblements qui me prenaient, s'ajoutait une sueur froide qui me coulait dans le dos. Hélène Fontayne voulut absolument que je quitte le studio et que je me rende à l'hôpital. Dans un bureau, à côté, je me sentais de plus en plus faible. Il y avait là Albert Cloutier, directeur général de la station; il avait été opéré du coeur et, dès qu'il me vit, il sortit un petit flacon de sa poche et me tendit une minuscule pastille blanche. «Mets ça sous ta langue, et laisse fondre.» Il venait de me faire prendre une «nitro». Je pense que, ce jour-là, il m'a sauvé. Je me sentais un peu mieux et je pus prendre un taxi pour me rendre à l'Institut de cardiologie. Durant quelques heures j'étais dans un couloir, assis sur un lit. Mais je me trouvais mieux, alors je marchais et, comme il y avait un téléphone, je me suis mis à faire des appels. Soudain, un médecin demanda à une infirmière qui était ce monsieur en jaquette d'hôpital qui téléphonait dans le couloir. Il me fit mettre au lit immédiatement et on commença les examens. J'appris que je faisais un infarctus. Il me fallait beaucoup de repos et on me donna des valiums et des nitros. Bientôt j'avais ma chambre. On m'avait collé des roulettes sur la poitrine, reliées à des fils électriques. Il y avait comme un appareil de télévision dans ma chambre et je voyais les traits lumineux qui montaient et descendaient au rythme de mon coeur. Un jour, je décidai de me lever et de me rendre aux toilettes. Ce fut une vraie révolution dans l'Institut; une meute de femmes en blanc et de médecins à l'air affolé surgirent dans ma chambre. Figurez-vous qu'en me levant, j'avais débranché les fils et, sur les appareils témoins, dans le bureau des infirmières, aucune lumière n'apparaissait. En voyant ce manque de mouvement, tout le monde avait craint un arrêt du coeur. Lorsqu'ils m'ont vu sortir de la toilette, les fils qui pendaient de ma poitrine et qui traînaient par terre, ils ne m'ont pas fait de félicitations. «Ne faites plus jamais ça, vous nous avez fait assez peur. Si vous voulez vous lever, vous n'avez qu'à sonner.» D'autant plus que les médecins n'aimaient pas du tout ce malade qui se levait pour aller aux toilettes alors qu'on le soignait pour un infarctus. Mais que voulez-vous, cela m'humilie, cette espèce d'instrument qu'on vous glisse sous les fesses. Les infirmières étaient bien gentilles, mais je supportais mal de rester dans une chambre d'hôpital. J'appris avec stupeur que j'avais déjà fait un infarctus. En effet, l'électrocardiogramme avait révélé une cicatrice au coeur. Je me souvins, à ce moment-là, que j'étais descendu à Miami en automobile, un aller-retour en huit jours. Et j'avais éprouvé à ce moment-là d'étranges symptômes. C'était certainement durant ce voyage que l'infarctus s'était produit. Enfin, jour après jour, je demandais à sortir; d'autant plus que je devais me rendre à New York quelques jours plus tard pour une croisière sur le *Raffaelo*. Je gueulais lorsqu'on me disait que je devais encore attendre. CKVL organisait une fête au Forum, au cours d'une séance de lutte. Je voulais y aller. Mais on me retint au lit. Je ne sortis que le lendemain pour conduire ma voiture jusqu'à New York où je me vois encore sur le pont du *Raffaelo* au port. Nous attendions le champagne, mais on ne servait aucune boisson alcoolique avant d'être sorti du port. Ce voyage se passa remarquablement bien. Je crois que ce bateau, sa cuisine et son service, n'existe plus. Sauf le *Queen Elizabeth II*, il n'y a plus de bateaux agréables pour faire des croisières. Il y a l'*Océanic* qui est un très beau bateau, mais on y mange très mal, et les officiers qui s'occupent des passeports sont stupides et maladroits. Mais le but de ce livre n'est pas de vous parler de croisières. Pourtant, je suis obligé d'aborder un sujet identique, car mon calvaire a débuté alors que nous étions à bord lors du dernier voyage du *France* et que le mal me gagnait de plus en plus. Nous nous étions embarqués sur le *France* à New York, à destination de Cannes, en France. Vous rappeler les splendeurs de ce bateau, sa cuisine gastronomique, sa classe, ce serait cruel.

Quand je pense que monsieur Valérie Giscard d'Estaing a commis la bêtise de laisser aller ce bateau. À mon avis, c'est un crime, car maintenant ce magnifique représentant de la France appartient à un autre pays. C'était la meilleure publicité pour le tourisme français et la bonne chère de ce pays des plats succulents. Ce grand nigaud a lésiné pour économiser quelques millions. Mais parlons plutôt du commencement du «voile bleu» qui m'entourait. Souvent j'étais pris de vertiges et, dans les couloirs, on devait me prendre pour un homme ivre, car je titubais. Je n'avais d'autre solution que de me rendre à l'infirmerie. Je n'éprouve pas de «grand amour» pour les médecins, mais je dois vous dire qu'à bord d'un bateau, les officiers ne pensent qu'à une chose: que vous terminiez le voyage. Alors, ils me donnaient des pilules qui auraient ranimé un cheval. Cela me donnait un coup de fouet, mais la douleur revenait rapidement. Je passais des journées entières sans ressentir de douleur et j'essayais de profiter de la beauté du voyage. Après Cannes, nous avons poursuivi notre route jusqu'en Grèce, puis en Turquie. Et après avoir visité les îles grecques, nous avons accosté à Naples, pour finir le trajet à Cannes. J'ouvre une petite parenthèse pour évoquer Mikonos, une île toute blanche. Si blanche que vous auriez pu manger dans les rues. Au bout de l'île, nous avons découvert un petit restaurant au bord de la mer où nous avons mangé une langouste royale, suivie d'un plat grec. Le tout accompagné d'un petit vin rosé... Mais le soir, quand nous sommes revenus au quai, je n'ai pu visiter les magasins avec mes compagnons. La douleur me déchirait la poitrine et j'ai dû m'asseoir sur un parapet. Le souffle coupé, le coeur serré, j'essayais de retrouver mon équilibre. Il me fallait quelques instants avant que, petit à petit, je puisse me tenir debout. Je savais très bien que j'allais vers la catastrophe. Je ne dis pas que ma conduite était intelligente mais dès que je me sentais mieux, je voulais profiter de la vie. J'ai fait des folies et j'en ai payé le prix. Il fallait que je me grise, au sens figuré. Il y a des jours où j'allais bien. Mais le choc arrivait au moment où je ne m'y attendais pas. J'avais l'impression que mon sang se coagulait dans mes veines et que plus rien ne fonctionnait. Nous avons pris l'avion à Nice pour revenir à Montréal. Arrivés à Dorval, je me demandais si je devais retourner chez moi, à Oka, ou me rendre à l'hôpital. J'en étais à ce point-là. Finalement, je décidai de me rendre chez moi. Le lendemain, je téléphonai à l'Institut pour obtenir un rendez-vous. On ne pouvait m'en fixer un avant trois mois. Quand je vous dis que j'éprouve de l'antipathie pour les médecins. Il y a plus d'une raison à ça. Tous les jours, je me traînais à CKVL, me bourrant de ces fameuses pilules que les médecins français m'avaient données. Un médecin, le docteur Gauthier, animait une émission, avant la mienne. Un jour il me demanda quelles étaient ces pilules que je prenais. Dès qu'il sut de quoi elles se composaient, il me dit: «Malheureux, tu vas te tuer avec ça... C'est bien trop fort... va voir ton médecin.» «Mon médecin? Pas visible avant trois mois.» Tout de suite, il prit le téléphone et m'obtint un rendez-vous avec le docteur Desrocher, directeur du service cardiologique de l'hôpital Maisonneuve. Il fallait que je me soumette d'urgence à un examen à l'hôpital. J'y passai deux jours avant qu'on puisse pratiquer l'examen nécessaire. C'était marrant; on m'avait fait une incision à une artère au creux de la cuisse droite et, installé devant un écran de télévision, une sorte de caméra dirigée sur mon coeur, je suivais le cheminement d'une tige que les médecins dirigeaient vers mon coeur afin d'y injecter de l'iode. Tu parles d'un gars: mon coeur rejetait la tige. À tel point qu'un médecin me dit: «Il va falloir mettre une queue de cochon au bout de la tige qui est, en fait, un tuyau minuscule.» «Allez-y pour la queue de cochon.» Lorsque l'iode a finalement été injecté, j'ai ressenti une brûlure terrible qui a fait le tour de mon corps à une vitesse folle. Le lendemain, dans ma chambre, on m'annonça qu'il fallait faire trois pontages, car j'avais trois artères bloquées à quatre-vingt-cinq pour cent. L'opération était nécessaire. Moi, j'étais prêt à tout. «Opérez-moi tout de suite.» Non, il fallait attendre le retour du docteur Lévy, le chirurgien parfait dans mon cas. Il était en vacances. Dès qu'il fut de retour, il me reçut dans son bureau. Il avait l'air très sévère et ne mâchait pas ses mots: «Il faut maigrir, mais je dois vous dire qu'il y a un pourcentage de risque.» Je souris et je lui dis: «Moi, je suis prêt... à part l'amaigrissement.» Il me signifia qu'il m'opérerait dans trois semaines. Que je me tienne prêt. L'homme me plut immédiatement. Le sort en était jeté: j'allais subir une opération à coeur ouvert. Cela ne me faisait pas peur car j'avais pour principe que, mourir pour mourir, il valait mieux tenter l'opération. Et puis mourir sous anesthésie... quelle douce mort. Dans ces cas-là, tu penses à ceux que tu risques de laisser, ceux que tu aimes. Je ne craignais rien pour moi-même, mais je regardais autour de moi. Je regardais certains visages et je voulais en imprimer les traits dans mon cerveau car ils étaient déjà dans mon coeur. J'habitais, à ce moment-là, dans une superbe maison à Pointe-aux-Anglais. Il y avait un immense terrain et une piscine. De plus, je pouvais me promener, seul, le long du lac. J'en ai fait des marches en revoyant ma vie. Le matin, je me levais tôt, très tôt, et j'arpentais cette terre en me souvenant de tout ce qu'elle m'avait apporté. J'avais mes chats et je n'ai pas honte d'écrire qu'ils ont été mes compagnons de la dernière heure. S'ils répétaient ce que je leur ai raconté, mon Dieu, que de secrets, que de pensées, seraient mis à jour. Mais mes chats sont discrets: ils écoutent et savent. Surtout la chatte qui est un médium. Oui, parfaitement, une chatte peut être un médium. Elle devine tout, sait tout, et me le prouve par ses attitudes changeantes. Mes chats savaient que j'étais malade et je vivais dans le calme. Chaque jour pouvait être le dernier. Je continuais à faire mes émissions, à travailler au journal. Une fois de plus l'amitié d'Hélène Fontayne m'était utile. Alors que je n'y pensais pas, un samedi après-midi, alors que j'étais seul à Oka, allongé sur un vieux fauteuil gris, le téléphone sonna. Une voix féminine me dit: «Monsieur Matti?... oui?... vous entrez à l'hôpital demain dimanche à une heure.» Le sort en était jeté. Je terminai la journée en faisant encore une fois le tour de la forêt et j'allai jusqu'au bout de la jetée, près de la marina. Un grand calme entrait en moi. Comme une bénédiction. Les heures passaient, me rapprochant de la mort ou de la guérison. Je rangeai différents papiers puis j'allai me coucher. Demain serait demain.

Le soleil qui se lève pour un bonhomme qui va entrer à l'hôpital, c'est une lumière qui vous pénètre et vous réchauffe. Ce petit jour sur le lac, sur les arbres, c'était comme une aquarelle qui s'animait de mille brillances. Je vis sauter un poisson et, près de la piscine, il y avait une grenouille. C'était la vie. Je pouvais encore la voir, la respirer. Ma petite valise était prête, je la plaçai dans la voiture. J'avais demandé à ma femme de ménage, madame Girard, de venir tous les jours nourrir mes chats. Vers onze heures et demie, je jetai un dernier coup d'oeil à ma maison, puis je montai dans ma voiture pour me rendre à l'hôpital Maisonneuve. Jamais je n'ai autant regardé la route. Je m'en mettais plein les yeux. Au fur et à mesure que j'avançais, ce qui était derrière disparaissait peut-être pour toujours... Mais j'avais le sourire; je ne pensais qu'à une chose. Le soir, j'allais recevoir des visiteurs dans ma chambre d'hôpital. Et cela me rendait heureux. Je rangeai ma voiture au terrain de stationnement et je gravis, avec un essoufflement désagréable, la pente qui monte vers l'entrée de Maisonneuve. Bientôt, j'étais installé dans mon lit, vêtu de ce costume classique qui exhibe vos fesses à tout le monde. Le lundi, le docteur Lévy pénétra dans ma chambre pour m'annoncer qu'il m'opérerait le mercredi matin. Le mardi soir fut le plus difficile. Hélène Fontayne et Normand Fréchette me quittèrent les derniers. Une lumière extrêmement faible éclairait ma chambre. Soudain, un gamin vêtu d'une soutane et d'un surplis entra, porteur d'un cierge immense. Derrière lui, venait le curé. Je suis croyant, mais j'ai eu des mots pas très agréables pour le prêtre. Je trouvais macabre ce défilé, cette cérémonie, pour ne pas dire de mauvais goût. Ils partirent. Et la nuit, petit à petit, envahit ma chambre. Jusqu'au moment où un infirmier arriva, armé d'un rasoir. Il m'a rendu complètement imberbe, depuis le bas du ventre jusqu'au menton. Rasé comme un mouton, j'attendais d'aller à l'abattoir. Des infirmières arrivèrent avec une civière et on m'emmena jusqu'à la salle d'opération. Le photographe du journal était là et je lui indiquai quels étaient les meilleurs angles. J'avais dit à Fontayne, qui avait la responsabilité du journal, de faire son métier; il fallait battre les confrères et avoir les photos de mon entrée dans la salle d'opération avant tous les autres. Comme il n'avait pas le droit de pénétrer dans la salle d'opération même, je lui dis de se placer afin de voir la porte ouverte lorsqu'on allait me faire pénétrer vers la table. Dès que je fus allongé, je n'ai vu qu'une chose: deux yeux. Deux yeux braqués sur mon visage, deux yeux qui me fouillaient avec une intensité grave. Cela ne dura pas longtemps, car l'homme qui s'était penché sur moi était l'anesthésiste. Sans m'en rendre compte, je partis vers l'anéantissement. De cette période, je ne garde aucune sensation. J'étais loin, loin, dans les vapeurs impalpables. Pourtant, à un certain moment, j'eus une sensation fluide. J'entendais des bruits bizarres, des bruits sourds et ouatés. Mon corps ne souffrait pas, mais il existait un flou dramatique de couleur rouge. Vivre dans le rouge, c'est déjà se sentir environné de sang. Je ne peux savoir combien de temps a duré cette atmosphère, ce souffle disparu. À un moment, j'ai entendu des voix d'outre-tombe; et une scène affreuse se jouait. Était-ce un cauchemar? était-ce une réalité de l'au-delà? J'entendais des murmures et des râles. J'avais l'impression que quelqu'un avait avalé du verre pilé. Il y avait comme une machine qui broyait ce verre, et des voix disaient: «Du verre plein la gorge... On va essayer de l'enlever... N'ayez pas peur, on va tout broyer.» Et le bruit infernal d'un broyeur qui malaxait le verre. Je ressentais comme une envie de vomir, de me débarrasser de ces débris coupants, alors que ce n'était pas moi qui subissais ce traitement. Est-ce que la mort est comme un verre brisé qui vous coupe et vous arrache des lambeaux de chair? Je ne sentais ni froid, ni chaleur, j'étais anéanti et affolé par ces soins invraisemblables dont je percevais tous les bruits. Et je n'avais même pas la possibilité de poser des questions, de parler. Je vivais cette scène mais je ne vivais pas. Je ne pouvais faire aucun mouvement, ou, du moins, j'avais une sensation de vide. Un homme qui tombe dans un ravin peut essayer de s'accrocher; un homme qui souffre peut gémir, appeler. Non, j'étais entre deux hauteurs; sur un nuage. Et continuellement ce bruit ahurissant de verre pilé. Le plus incroyable c'est que je n'entendais aucun râle, aucune plainte. Imaginez un individu qui a avalé une grande quantité de verre et que, pour éliminer ces éclats, on lui broie le matériel dans la gorge? Je ne peux pas dire que j'étais dans un autre domaine que celui de la vie. Je ne peux pas dire que j'étais mort. Mais quelle sensation m'est restée. Un jour, un homme m'apparut. Tout de blanc vêtu, il me dit: «Il faut vous mettre debout... si, si, vous allez pouvoir.» Pour la première fois, je voyais les murs d'une pièce. Je ne sentais rien, mais j'entendais très bien. Et je fis l'effort de me lever de ce lit étroit avec l'aide de cet homme. Une cicatrice rouge s'étalait sur ma poitrine. En me levant, des gouttes de sang s'écoulèrent. L'homme me dit: «Ce n'est rien... vous avez déjà fait une grosse hémorragie... On vous a opéré deux fois...» Cette phrase me frappa. Dès que je pourrai parler, il faudra que je sache ce qui m'est arrivé. L'homme en blanc prit deux pansements assez épais et les appliqua sur ma plaie qui saignait. Le sang s'arrêta immédiatement. Je fis deux ou trois pas, puis on me recoucha très vite.

À ce moment-là, j'aperçus deux silhouettes de femmes vêtues de blanc; je reconnus une amie accompagnée d'Hélène Fontayne. Une odeur de parfum de qualité remplit mon cerveau. Et j'eus la sensation que je ne devais pas avoir l'air bien beau. Je ne m'étais même pas rendu compte que j'avais des tuyaux dans la bouche et dans le nez. Je devais avoir l'air d'un revenant de l'au-delà. Au bout de peu de temps, on me fit boire du Seven Up. Mais j'en fus rapidement dégoûté. Et je commençais à pouvoir parler. Je demandai de la bière... Émotion dans la salle de réanimation où je me trouvais. De la bière à un opéré du coeur: les infirmières se demandaient si je n'étais pas un peu fatigué «mentalement». Devant mon insistance, on finit par faire part de ma demande au docteur Lévy. Sa réponse fut rapide: «Matti veut boire de la bière? Vous n'avez qu'à lui en donner, comme ça il nous laissera tranquilles.» Et j'ai eu droit à une bière par repas... Je sais que l'on en parle encore à l'hôpital Maisonneuve. Bientôt on me ramena dans ma chambre. Mais il y avait un problème; je donnais l'impression aux médecins de ne plus vouloir vivre. Je ne faisais aucun effort et j'ai toujours eu l'impression que j'avais parlé durant ce sommeil indéfinissable. Qu'est-ce que j'avais pu dire? Jamais je ne l'ai su. Par contre j'ai appris ce qui m'était arrivé ces derniers jours, depuis le moment où j'avais été anesthésié. Le docteur Lévy avait travaillé de huit heures du matin jusqu'à trois heures de l'après-midi. Mais, dans la salle de réanimation, une hémorragie interne s'était déclarée. On avait mobilisé tous les services de Maisonneuve et le docteur

Lévy avait dû revenir. Il a dit à quelqu'un: «Je vais être obligé de tout rouvrir, enlever le sang et refaire tout le travail... Normalement, il ne passera pas la nuit, mais mon devoir est de tout faire. Dès que l'on connaîtra les raisons de cette hémorragie, on le remettra sur la table d'opération.» Les spécialistes du sang trouvèrent que l'anesthésie avait brûlé mes reins et que l'urée avait atteint un niveau mortel. C'est après cette deuxième opération en vingt-quatre heures que j'ignore ce qui s'est passé. Il y a un trou sombre dans lequel tout mon être a disparu. Ces bruits de verre pilé, ce brouillard rouge, ces voix inhumaines, avais-je connu la mort? ou bien avais-je flirté tout simplement avec la grande faucheuse? Dans cette rougeur, j'ai deviné des sentiers bleus qui battaient au rythme du sang dans les veines. C'est curieux de flotter sur un chemin qui bat... toc... toc... Je ne sentais plus mes mains. Et mes jambes ondulaient, molles et impalpables. Et ce bruit, des crissements... Cette scène, seulement cette scène, m'a marqué. Était-ce au moment où j'étais au plus profond de l'inconscience? La terre m'avait-elle lâché? Ou le ciel m'a-vait-il attiré?... Enfin, j'avais du mal à revenir. On me forçait à faire des exercices, à souffler dans un appareil que je trouvais odieux. Mais je refusais toujours de me lever, de marcher. Les infirmières me forçaient à m'asseoir dans un fauteuil. Mais je ne voulais pas y rester longtemps. Je voulais toujours m'étendre sur le lit.

Je ne sais pas ce qui s'est produit, mais il y eut un éclair et, dès cet instant, j'ai accepté de marcher. J'allais voir des patients dans leur chambre et je leur donnais du courage. J'allais également dans la salle de réanimation afin d'encourager ceux qui venaient d'être opérés. La vie était revenue, forte, puissante. Mon mariage avec la mort se terminait par un divorce; j'étais prêt à naviguer de nouveau. Et chaque pas me rapprochait de la libération totale. Je ne croyais pas revenir à la vie pour connaître ce qu'il y a de pire comme souffrance morale.

L'affaire Réal Giguère

Le médecin m'avait ordonné de ne pas faire d'efforts. Il tolérait tout juste mon émission à la radio. Mais, dès que j'avais fini de participer à cette émission, je ne pouvais m'empêcher de me rendre au bureau du journal. C'est ainsi que s'est produite l'histoire avec Réal Giguère. Nous trouvions que tout le monde avait laissé tomber cet artiste et, très sincèrement, nous avions voulu attirer l'attention sur les ennuis que pouvait avoir cet animateur, qu'il était honteux de ne plus l'employer. Je ne vais pas revenir sur le contenu des articles, ni critiquer qui que ce soit ou quoi que ce soit. Mais je peux affirmer que l'intention était bonne. Il y eut cette convocation en cour et, croyant que tout était en règle, j'allai passer huit jours de vacances à Nassau. C'est en téléphonant au bureau que j'appris que, ne m'étant pas présenté en cour, un mandat d'arrêt avait été lancé par le juge Mayrand. J'eus des conversations avec mon avocat d'alors, maître Daoust. Il me conseilla de rentrer au plus vite afin de nous présenter devant le juge. J'arrivai à Dorval. Un photographe m'attendait. Il prit quelques photos, alors que je poussais la voiturette avec mes bagages. Mais je me rendais compte que le juge attendait quelque chose. Il guettait de l'autre côté de la rue. Il voulait photographier mon arrestation et il en fut pour ses frais, car rien ne se produisit. Je rentrai chez moi, bien tranquillement, pensant que, dès le lendemain matin, j'irais avec maître Daoust rencontrer monsieur le juge. Vers dix heures du soir, un coup de téléphone: «Allô, monsieur Matti?... Ici maître (dont j'ai oublié le nom), associé de maître Daoust. Quelle est votre adresse, je viendrai vous chercher demain matin afin de se présenter devant le juge...» Je donnai mon adresse et mon numéro d'appartement. J'avais un doute, mais je voulais voir jusqu'où irait cette sinistre plaisanterie. La voix de celui qui m'avait téléphoné était fort digne et très représentative.

Vers onze heures, alors que j'aurais pu m'en aller à ma maison d'Oka, j'étais demeuré à mon appartement du boulevard Lasalle, à Verdun. On sonna à ma porte; j'ouvris à deux hommes qui me montrèrent un papier: «Nous avons un mandat d'arrêt, suivez-nous.» Je m'habillai tranquillement et j'essayai de téléphoner à Daoust. Personne chez lui. Un des deux détectives était sympathique et pas trop pressé, mais l'autre était impatient. Finalement nous sommes descendus. Des journalistes, curieusement prévenus, attendaient, accompagnés d'un photographe. On m'emmena à Parthenais. Je comprends quand on compare cet endroit aux cellules de la Gestapo. J'ai connu la guerre et l'invasion des Allemands; j'ai vu Fresnes et ce que la Gestapo y faisait. Honnêtement, Parthenais est ce qu'il y a de plus écoeurant pour des humains en 1980. Tout est sale, fait pour amoindrir les prisonniers, les transformer en loques humaines. On les avilit en les forçant à faire leurs besoins devant tout le monde. La plupart des gardiens étaient sympathiques. Seul un bouseux boutonneux, sale comme le gris des murs, garde-chiourme patenté, s'adressa à moi en me tutoyant comme un con: «C'est toi, Matti?» Bien sûr, connard. Cet homme-là représentait bien la race des fabricants de meurtriers. Cette attitude bornée donne envie de gifler, peut-être même de cogner. Moi, je me fichais de lui, car je savais que j'allais être libre vers midi. Il était en compagnie d'un fonctionnaire doucereux, qui m'apprit qu'il détenait un mandat d'arrêt à mon nom en raison d'une amende pour oubli de déclarations d'impôts. Il y en avait pour deux cents et quelques dollars. Mon Dieu qu'il était aimable, cet homme. Trop poli pour être honnête. Je répliquai que je paierais le lendemain, puisque je serais sorti de cette cellule à rats. Il eut l'air d'accepter. Un vrai faux cul. Finalement, j'allai au Palais de Justice. N'oubliez pas que j'avais été opéré du coeur deux mois auparavant. Ils s'en fichent, ces gars-là; crève, mais marche. Et menotté avec un autre pensionnaire... Au Palais, j'attendais dans les cages du sous-sol. Encore une vraie dégueulasserie. Ça traînait en longueur et on ne m'appelait toujours pas. Soudain, on vint me chercher, on me remit les menottes (comme si je pouvais foutre le camp de ces souterrains) et on m'amena à un petit bureau où une fouine m'examina avec un petit sourire salaud aux coins des lèvres: «Il faudra payer deux cent quarante dollars si vous voulez sortir.» C'était le minable des impôts; il avait donné le mandat d'arrêt afin que, même libéré, je sois encore coincé à la prison. Il y avait un homme qui travaillait dans les coulisses. Un avocat, poussé par son client. Revenu dans mon merdier, au bout d'une demi-heure, on me dit: «Votre avocat veut vous voir.» Je suivis le garde et je me trouvai derrière de petits grillages, et mon représentant, maître Danis, était là. Car maître Daoust déléguait toujours un jeune avocat pour tous ces travaux préliminaires. Donc, maître Danis m'apprend qu'il avait rejoint d'urgence maître Daoust afin qu'il vienne, car on essayait de me jouer des tours. Alors, il fallait attendre, car maître Daoust arrivait, après avoir rejoint monsieur le juge Mayrand. En effet, pour bloquer certaines combines, il fallait la présence du juge Mayrand, celui qui avait émis le mandat d'arrêt. Plus que n'importe qui, le juge Mayrand savait que l'on avait abusé de la justice. D'ailleurs, lorsque j'ai comparu devant le juge Mayrand, avec maître Daoust au banc de la défense, tout fut vite réglé et ceux qui voulaient pousser un peu trop loin les plaisanteries en furent pour leurs frais. Redescendu aux enfers, libéré par monsieur le juge, la souris m'attendait pour exécuter le mandat d'arrêt si je ne payais pas l'amende des impôts. Lorsque je déposai l'argent sur son bureau, j'aurais voulu avoir un appareil-photo pour garder un souvenir de la stupeur et de la désolation du personnage. On me fit un reçu, et bientôt j'allai prendre un bon dîner.

J'ai appris l'histoire un peu sordide de ceux qui m'avaient fait arrêter chez moi, à onze heures du soir. Ils étaient trois: un journaliste, qui s'est excusé depuis, un réalisateur du canal 10 et une grosse vedette. Ce sont eux qui avaient eu mon adresse, en utilisant le subterfuge du coup de téléphone du soi-disant collaborateur de maître Daoust. C'est le journaliste qui avait tenu ce rôle. Après avoir appris mon adresse, ils avaient téléphoné à la Sûreté du Québec, pour leur révéler que Matti se trouvait à ce moment-là à Verdun. Dès qu'il y a dénonciation, la police est obligée de procéder à l'exécution du mandat. J'aime mieux être dans ma peau que dans celle des trois lascars qui ont été assez lâches et moches pour agir ainsi. Mais je tiens à redire que le journaliste s'est excusé depuis ce temps-là.

Chaque fois que je rencontrais maître Shoofey, l'avocat de Giguère, notamment à Miami, il me disait: «Tu as le meilleur avocat, mais il ne se présentera pas le jour du procès...» À tel point que nous avons pris l'avion pour Fort Lauderdale afin de rencontrer Daoust chez lui et lui demander si vraiment il serait là pour plaider. Il nous rassura. Rentrés à Montréal, nous attendions le procès avec sérénité. Mais, trois jours plus tard, à deux heures du matin, maître Daoust me téléphonait de Miami pour m'annoncer qu'il ne pourrait pas plaider pour nous et que je devrais tout de suite rencontrer tel avocat. Pas la peine de le nommer. Mais j'avoue que je me posais des questions sur ce désistement prévu par le concurrent et qui se réalisait. Je ne m'en pose plus. À cette époque, je choisis un autre avocat. Et j'attendis le procès.

Je ne pouvais, parfois, m'empêcher de penser à ma nuit à Parthenais. Je ne sais quelle est l'âme charitable qui avait téléphoné à mes gardes délicats pour dire que j'étais un cardiaque qui venait d'être opéré à coeur ouvert, alors que l'on venait de m'enfermer derrière des grilles sales, sordides, dans une cage meublée d'un lit étroit, avec un lavabo crasseux et un «trône» de toilette infect, répugnant, bien en évidence. Des quatre murs, trois étaient pleins alors que le quatrième, c'était ce paravent de barreaux. Donc, pas moyen de pisser ou de faire quoi que ce soit d'autre sans que les gardes, qui passaient toutes les trois ou quatre minutes, puissent vous contempler, ainsi que les copains. Car ce côté grillagé donne sur la grande salle où les détenus peuvent jouer aux cartes ou regarder la télévision. Drôle de télévision. Bref, c'est ça une partie de Parthenais. C'est alors qu'on vint me dire que quelqu'un avait téléphoné pour avertir que j'étais en convalescence, par suite d'une opération à coeur ouvert. On me proposa de voir le médecin de la baraque pour qu'il me donne une pilule. Ouais... Je leur répondis: «Oui, je sors de l'hôpital, oui, j'ai été opéré à coeur ouvert, mais je ne veux rien de vous. Prenez vos responsabilités. S'il m'arrive quelque chose, vous en subirez les conséquences.» Ils n'ont pas apprécié ma réponse. Mais, croyez-moi, une nuit sur une planche, avec un drap d'un blanc douteux, c'était dur...

Le procès eut lieu. André Fabien, le juge en chef de cette époque, avait choisi un juge qui avait rendu des jugements sévères. Il dura trois jours. Je vous fais grâce aujourd'hui de ce qui se passa. Un jour, je publierai un bouquin sur ce procès, puisque j'ai conservé tous les enregistrements que le Palais de Justice m'a remis, tout à fait légalement. Pour l'instant, je veux simplement faire revivre le côté tristement inhumain et froid de ce que l'on peut ressentir face à un destin où tout nous échappe. C'était un 6 août; dans la nuit qui avait précédé le jugement et la sentence, maître Daoust m'avait téléphoné, vers une heure du matin, et m'avait dit que le jugement serait sévère, mais qu'il ne serait pas question de prison. Lorsque j'ai entendu le juge lire le jugement où il disait que j'étais pire qu'un défonceur de coffre-fort, à ce moment j'ai eu l'impression que tout s'écroulait. Je savais ce qui m'attendait. Et, au cours d'une suspension d'audience, alors que j'étais en compagnie de mon avocat et d'Hélène Fontayne, je remis à cette dernière mon portefeuille et mes clefs de voiture. J'ai appris par la suite que les journalistes pariaient entre eux sur la durée de ma sentence. Il y en a beaucoup qui pensaient que je serais condamné à plus de trois mois de prison. Oui, oui... c'était un minimum. Le juge n'arrivait pas à déterminer ma sentence; il remit sa décision à trois heures. Mais il prit l'aimable précaution de me faire descendre, menottes aux mains, dans les salles infectes du sous-sol. Pensez, j'aurais pu m'enfuir... Et j'attendais. C'est long trois heures avec des gars qui bouffent des sandwiches écoeurants, avec des gars qui pissent dans un coin, avec ces odeurs assez repoussantes qui se dégageaient du coin des chiottes, et que l'on attend une sentence qui, déjà, sent le roussi, le coup d'assommoir. Mais il faut que je profite de ce livre pour rectifier une invention de journaliste. On avait écrit que j'avais eu des ennuis avec les gars à Parthenais. Je peux affirmer que tous m'ont respecté et que je n'ai eu, à aucun moment, à repousser un mot ou un geste des prisonniers. D'ailleurs il en fut de même à Bordeaux lorsque j'y ai passé des «vacances»; mais je vous raconterai tout ça en détail un peu plus tard. À partir de trois heures, on me fit monter deux fois dans la salle d'audience parce que le juge n'arrivait pas à se décider. Lorsque enfin, il annonça quinze jours de prison et 5 000$ d'amende, j'ai vu dans la salle des gueules courroucées, étonnées, ahuries, frustrées. Certains personnages étaient convaincus que je serais condamné à trois mois. D'où un dépit parfaitement visible. Comment pouvaient-ils penser que le juge me donnerait trois mois? Mystère de la cour.

J'ai très bien encaissé le coup. Encore une fois un journaliste a rédigé un beau titre: «Matti, effondré, a écouté sa sentence». Matti n'était pas effondré, mais fatigué du manque d'air, des odeurs nauséabondes et du temps passé à attendre dans une salle insalubre. C'est tout. Après une autre nuit à Parthenais, je fus transféré à Bordeaux. Bordeaux, malgré sa crasse, ressemble à un palace comparé à Parthenais. Au moins tu as une cellule décente et une intimité relative, mais correcte. Et puis je dois remercier les gars, surtout Jimmy Soccio qui m'a fait avoir un grand matelas, et beaucoup d'avantages, particulièrement de pouvoir manger avec lui à sa table, dans la salle à manger, ce qui était loin d'être réservé à tout le monde. Que dire des gardiens? Sauf pour un imbécile, ils me donnaient l'impression d'être plus prisonniers que moi. Et pour plus longtemps. Le cuisinier me fit appeler et me dit: «J'ai vu bien des saloperies, mais ce que l'on vous a fait, ça bat tout. Qu'est-ce que vous avez le droit de manger? Steak? Dites-le-moi et je ferai ce que je pourrai.» C'est bien simple, lorsque j'ai quitté Bordeaux, j'ai rencontré un monsieur important, riche et puissant, qui m'a demandé: «Comment c'était là-bas? Et les prisonniers?» Je l'ai regardé, puis, devant les quelques personnes présentes, je lui ai répondu: «J'ai connu là-bas des gens plus honnêtes que ceux que je vois ici.» Inutile de vous dire que le monsieur n'a pas insisté et qu'il a fait une gueule longue comme un jour de carême. Je dois ajouter que l'on apprend bien des choses dans les prisons. En sortant j'ai fait état de certaines révélations qui m'avaient été faites et des personnes importantes m'ont supplié de ne jamais révéler ce qui m'avait été dit. Pour l'instant, je ne dis rien. Mais lorsque je mourrai, il y aura certainement un testament, et il sera édifiant. Si certaines personnes se sentent visées, soyez sans inquiétude, le testament est déjà en lieu sûr. Ces jours et ces nuits passés en prison, je ne les oublierai jamais. C'est dans ces moments-là qu'on réfléchit le plus. J'étais d'un calme si extraordinaire que j'en étais moi-même étonné. Il se dégage une philosophie qui nous encourage à mieux vivre. Depuis ces moments de solitude et de réflexion, j'ai appris à prendre les choses plus facilement. Ce que je trouvais inadmissible auparavant, me paraissait soudain aisé. Avant, je discutais avec âpreté et même avec une certaine violence. À présent, lorsque je vois que je vais perdre mon temps à discuter avec un imbécile borné, je me tais. Je ne réponds plus du tout aux réflexions orgueilleuses ou stupides des uns et des autres. Le silence est vraiment la meilleure réplique quand on s'aperçoit qu'un type ne veut rien comprendre et qu'il monte sur ses grands chevaux. Laisser braire et laisser dire, c'est indiscutablement ce qu'il y a de plus tranquillisant. J'ai subi des affronts venant de gens mal éduqués, plutôt bêtes qu'autre chose. J'ai accepté avec le sourire, alors qu'avant j'aurais accepté le duel. Et je me sens si bien à la suite de ce calme découvert... Par contre, certaines marques profondes ne s'effacent pas et ne s'effaceront jamais. Cette espèce de crasse humaine, de vie de troupeau, vous donne un goût de révolte. Jamais je n'oublierai le claquement des portes de fer qui s'ouvrent et se ferment avec un bruit de purgatoire. Et ce costume sordide que l'on te force à porter pour que tu te rendes bien compte que tu es un prisonnier. Et la cloche qui te réveille le matin à six heures.

Tu parles d'un réveille-matin... À Bordeaux, tu te pro-
mènes, aux heures permises, dans une cour où le principal
accessoire est la trappe de la potence. À l'époque où je m'y
trouvais, deux prisonniers étaient condamnés à mort.
Leur cellule était située de chaque côté de cette trappe.
Parfois des techniciens de la mort vérifiaient le mécanis-
me de cette fameuse trappe, afin qu'elle soit toujours en
bon état si la peine de mort était rétablie. J'ai entendu une
fois le bruit lourd et métallique de cette trappe, que l'on
ouvrait brusquement. Je m'en fichais, et pourtant c'était
sinistre. Alors vous imaginez ce que devaient ressentir les
condamnés. Parfois, on voyait des gardiens faire sortir
ces condamnés pour la promenade, enchaînés. Ça vous
avait une allure lugubre. Bien sûr, nous savions qu'il n'y
avait plus d'exécution, mais nous évoquions néanmoins
ce que devait être la macabre cérémonie. Les gaillards
étaient peut-être des monstres, ils méritaient peut-être le
châtiment suprême. Mais la justice des hommes était-elle
infaillible? Je savais que l'erreur judiciaire était une réalité, et cette persécution de chaque jour avait quelque chose
de repoussant. Je veux bien croire que les deux bandits
qui étaient là, à ce moment, étaient des criminels reconnus. Mais s'il existait une seule chance d'erreur en ce qui
concernait leur culpabilité? Quelle responsabilité pour les
hommes; une responsabilité dont ils semblaient être complètement inconscients. Je ne voudrais être ni juge, ni po-
licier, ni gardien de prison, encore moins bourreau. Paix
aux hommes de bonne volonté...

Les suites de l'affaire Giguère

De retour à la vie de chaque jour, je dus résoudre des problèmes peu sympathiques. D'abord, la station de radio CKVL nous avait mis à la porte à la suite du résultat du procès Giguère. Légalement, rien ne justifiait le geste posé par la direction. C'est un personnage bien spécial qui avait fait peur à Jack Tietolman. Il avait raconté que le CRTC avait «conseillé» de ne pas nous garder. Et Jack, malgré son grand coeur, avait eu peur. Lorsque Albert Cloutier, responsable de ce geste, m'avait confirmé notre mise à la porte, j'avais fait intervenir notre avocat afin que nous recevions les trois mois de dédit prévus dans notre contrat. Je sais que le fait de nous payer ces trois mois n'a pas plu à la direction, mais le seul fautif, c'était Cloutier. Il nous restait notre journal *Gala des artistes*. Naturellement, les ventes avaient chuté. Nous avons beaucoup investi pour tenter de le maintenir. Nous y serions arrivés si le courage ne nous avait pas manqué. Mais nous en avions marre et nous n'avions plus le feu sacré. Ma partenaire de travail, Fontayne, et moi, nous avions acheté une maison en Floride et je décidai de me reposer pendant longtemps au soleil, près de la mer, loin des saloperies des uns et des autres. Au volant de ma voiture je descendis vers ma nouvelle résidence. Hélène Fontayne, avec Fernand Patry, un journaliste que nous avons beaucoup aimé, Yolande Charest, la maquettiste, et Muguette Dionne, eurent le courage de maintenir le journal jusqu'au jour où nous l'avons vendu à Jacques Francoeur. Fontayne, une fois de plus, a été formidable. Moi, je commençais une autre vie aux États-Unis. Quand je pense qu'il y a des salopards qui ont écrit que «je me faisais photographier devant de belles maisons à Miami en faisant croire que j'habitais une belle maison alors que je crevais de faim». Pauvres couillons! Mon nom était inscrit dans le bottin téléphonique, avec mon adresse, et la maison nous appartenait vraiment. D'ailleurs il y eut un journaliste dont j'ai aimé l'attitude; c'est André Robert. Il écrivait à ce moment-là dans *Échos-Vedettes* et il animait une émission à CJMS. Un jour, alors que j'étais à la maison, je reçus un coup de fil: «Allô Jacques... c'est André Robert. Je suis à Miami pour quelques jours avec ma femme et j'aimerais bien te voir.» Je lui répondis que ce serait avec le plus grand plaisir que j'allais le recevoir. Ne connaissant pas le chemin pour s'y rendre, je lui fixai rendez-vous à un endroit facile à repérer à la sortie de la route 95. J'allai le chercher en voiture. Quelques instants après, j'arrivais au point convenu. Il m'y attendait dans la voiture qu'il avait louée. J'étais au volant de ma Mark IV Continental et il me suivit. Ma maison était située dans le quartier résidentiel de Pompano Beach. Lorsqu'ils virent ma maison, André et sa femme eurent un mouvement de stupéfaction: «Jacques, il faut que je te dise la vérité. C'est l'ami qui vient te voir, mais c'est aussi le journaliste. Figure-toi que l'on raconte à Montréal que tu n'as pas de maison, pas d'auto, que c'est du bluff tout ce que tu racontes. Alors je suis venu voir.» Et il a vu. Ma maison longeait un canal, et toutes les pièces donnaient sur la piscine. Avec d'immenses portes patio. J'avais trois chambres à coucher, trois salles de bains, un immense salon, salle à manger, cuisine ultra-moderne et un salon de télévision. Pour moi, c'était du cinéma. Assis au bord de la piscine, André m'avoua qu'il avait toujours rêvé de posséder une telle maison, et qu'il saurait maintenant quoi répondre aux imbéciles de Montréal. Quant à ma Continental, elle dormait comme un gros chat devant la maison, sous les palmiers. Je la laissais toujours à l'extérieur car le garage servait de garde-meubles. D'ailleurs, Hélène Fontayne venait souvent dans cette maison où j'ai vécu heureux pendant deux ans. Elle y passa quinze jours avec Michèle Richard. Hélène nous a fait des gueuletons incroyables. À d'autres occasions, nous avons reçu Frenchie Jarraud et sa femme, Muriel Millard et le regretté Jean, Raymond Berthiaume et sa maman, Paul Vincent, Pierre Sainte-Marie qui, à ce moment-là, était directeur de la programmation du canal 7, Philippe de Vosjoli «Lamia» et sa femme, et bien d'autres amis. Franchement j'ai vécu des années merveilleuses que je n'oublierai jamais. Et je me suis épuré de la crasse de Montréal, je me suis reposé. Malheureusement, on fait parfois des bêtises en croyant trop bien faire. Depuis des années, Hélène et moi rêvions d'ouvrir un restaurant. Un jour, un monsieur qui inspirait confiance me proposa d'acheter un tiers des parts dans un restaurant situé à Hollywood. Nous avons fait la transaction. Mais voilà, nous avons compris, mais un peu tard, qu'il faut toujours être majoritaire dans une affaire, sans ça tu risques de te faire étrangler. Fontayne préparait une cuisine extraordinaire. Moi, j'étais maître d'hôtel. Ma grande spécialité, c'était de faire des flambés aux tables. Je me souviens du premier client qui commanda des crêpes Suzette. Près de la cuisine, il y avait un petit coin où l'on pouvait voir dans la salle sans que l'on vous voie. Or, alors que je m'attaquais à ma première flambée à la table du client, tout le personnel regardait. Hélène, son mari, l'aide-cuisinier et la serveuse. J'avoue que le spectacle que je faisais les a épatés. Et lorsque le poêlon, où il restait un peu de sauce, est retourné à la cuisine, ils ont tout léché avec une satisfaction évidente! C'était un restaurant français qui aurait dû marcher fort bien. Mais nos ennuis avec nos associés ont commencé lorsque nous avons décidé de donner une fête pour inaugurer le restaurant. Nous avions invité Renée Martel, Michel Louvain, Muriel Millard et son mari, Claude Blanchard et d'autres artistes. Quel dîner, mes amis... Naturellement la réception se faisait au champagne. Ces vedettes allaient nous faire la meilleure publicité à Montréal. Mais nos associés n'y ont rien compris; à leurs yeux, nous avions fait cadeau de repas et boissons et c'était contraire à leurs principes. Un jour, Muriel est revenue avec des amis, dont le chorégraphe George Reich. George Reich avoua à Fontayne que c'était vraiment le meilleur restaurant français de Miami, qu'il fallait qu'elle continue comme ça. Un autre soir, à dix heures, la serveuse vint me dire: «Il y a un monsieur Pierre Lalonde qui vous demande.» J'allai immédiatement à la rencontre de Pierre, accompagné de sa délicieuse femme. C'était Louvain qui lui avait conseillé de venir à notre restaurant s'il voulait bien manger. Encore une soirée inoubliable. Malheureusement, un associé s'était vexé parce que je ne lui avais pas présenté Lalonde. Vous voyez le genre de stupidités auxquelles nous nous heurtions. Les trois se liguèrent et nous forcèrent à revenir à la cuisine italienne, leur spécialité. Le four à pizzas recommença à chauffer. Puis, alors que le mari d'Hélène était souffrant, j'ai livré des pizzas. Les pourboires n'étaient pas énormes, mais il fallait livrer. Hélène servait au restaurant. En livrant des pizzas, il faut être prêt à tout. On allait dans les maisons les plus luxueuses ou dans des bouges. Parfois des clientes un peu spéciales nous offraient leurs cuisses en échange de la pizza.

Nous avons vécu tout ça jusqu'au jour où les relations avec nos associés devinrent insoutenables. Plutôt que de continuer à les voir, nous avons préféré perdre beaucoup d'argent. C'est ainsi que notre aventure de restaurateurs a pris fin.

Un jour, je rencontrai un ami qui dirigeait un commerce de location de voitures. Il avait acheté un immense local et un terrain où on pouvait stationner bien des voitures. Il allait commencer des travaux d'aménagement des bureaux et de la salle de réception; mais il n'était pas toujours présent et il me demanda si je voulais l'aider. Pourquoi pas? C'est ainsi que je devins loueur d'autos et directeur des travaux de construction. Il m'arrivait de prendre la petite camionnette et d'aller chercher des clients à leur hôtel. J'avoue qu'ils étaient fort surpris de me voir là. J'ai aimé ce travail. J'étais mon propre maître et tout se déroulait très bien. Un jour on me téléphona de Montréal: il fallait que je rejoigne d'urgence Yves Sauvé, directeur de la programmation de CHRS. Je parlai à Yves qui me dit qu'il nous voulait, Hélène et moi, pour animer une émission du matin identique à «Dans l'eau bouillante». C'était une question de budget. Hélène et moi, nous avions décidé de revenir à Montréal. Nous avons donc laissé notre maison, et Raymond Lemelin nous invita à passer quinze jours au Castaway's. C'est là qu'un jour Raymond Lemelin nous dit que Tony Langelier, des relations extérieures de CKVL, voulait nous rencontrer. Nous avons passé, pendant quelques jours, des moments extrêmement agréables. Des tractations bizarres avaient lieu entre Tony et Paul Tietolman, à Montréal. Finalement, Hélène et moi sommes retournés à Montréal en voiture. Arrivés un samedi matin, dès le lundi j'allais dire bonjour aux amis de CKVL. C'est à ce moment que Paul me dit: «Veux-tu refaire de la radio?» Évidemment je répondis que j'étais d'accord. Nous avons discuté de conditions, d'horaire, de cachet et de la durée du contrat. Il y a un détail qu'il faut que je vous raconte. Ce métier exige bien des choses qu'il ne faut pas négliger.

Ce fameux matin-là, bien que je n'aie que 150$ en poche, je suis entré chez le tailleur Tarzi qui m'habillait au temps de ma splendeur, et j'achetai un pantalon, une veste, une chemise et une cravate. J'étais impeccable. Il ne faut jamais faire pitié lorsque l'on parle de contrat. Et comme tous mes vêtements étaient faits pour le climat de Miami, j'aurais eu l'air ridicule de me présenter déguisé de la sorte. Mais j'avais brûlé mes derniers dollars... Tant pis, on se débrouillerait. Nous débutâmes le lundi suivant avec «La bête et la belle». Depuis, il faut le dire, nous avons connu succès sur succès.

Lorsque je pense, avec une certaine nostalgie, à Miami je me souviens d'une bonne leçon que j'avais apprise. En auto, je me moquais toujours des petites camionnettes et de leur conducteur. En effet, vous avez remarqué que, pour prendre un virage, camionnettes et camions ont besoin de beaucoup d'espace, et je croyais que les conducteurs ne savaient pas conduire. Lorsque, pour la première fois, je pris le volant de la camionnette à 16 places, je suis parti, sourire aux lèvres, sûr de moi. Au premier virage à ma droite, j'ai pris ça bien court... et ma roue arrière est montée sur le trottoir. J'ai failli, à un centimètre près, enfoncer un poteau de signalisation; je venais de comprendre pourquoi les conducteurs prenaient plus d'espace pour tourner. Si j'avais embouti la camionnette de mon ami, qu'est-ce que j'aurais entendu... Mais j'ai eu de la chance...

Il a fallu nous trouver une demeure pour cette nouvelle vie. Hélène Fontayne avait déniché une superbe maison à Saint-Lin. Elle me prêta une chambre pendant plusieurs jours, jusqu'à ce que j'aie trouvé quelque chose. Finalement, un entrepreneur de Mascouche avait construit une maison sur un terrain assez grand; mais il ne pouvait la vendre. Les taxes, le chauffage (car nous approchions de l'hiver), tout le forçait, ce pauvre homme, à louer. Je louai et mes meubles, revenus de Miami grâce au mari de Fontayne, me permirent de mener une vie agréable. Nous remontions la pente.

Je remerciais Dieu. D'abord de ces deux années de détente qu'il m'avait offertes, puis de la chance qu'il nous avait rendue. Ma santé était merveilleuse et je ne pouvais imaginer que j'allais faire un jour une rechute. Mais j'ai peut-être abusé en travaillant trop, en vivant trop bien. L'affaire Giguère m'avait fait infiniment de mal et une autre situation, souverainement désagréable, avait marqué mon état général. Lors de mon séjour à Miami, j'étais venu passer quelques jours à Montréal et j'avais eu l'idée de lancer une collection de romans policiers, à parution hebdomadaire, sous le titre «Sexe Police». Les couvertures, imprimées sur papier glacé, étaient de toute beauté. Les titres et les photos devaient attirer l'attention. Normalement, cette collection de petits romans aurait dû très bien marcher. J'ai écrit plusieurs de ces bouquins et j'avais un collaborateur qui en écrivait aussi. Nous avions installé notre bureau boulevard Saint-Joseph et nos romans policiers, un peu axés sur le sexe et les comportements anormaux de certains individus, devaient, d'après mes prévisions et celles du distributeur, se vendre fort bien. Chaque jour j'allais voir les piles dans les magasins et je trouvais que cela ne baissait pas vite. Si peu vite que je commençais à me poser des questions. Lorsque les premiers chiffres de ventes nous parvinrent, c'était merveilleux. Au prix où nous vendions cette collection, l'avenir nous semblait beau. Mais, petit à petit, au fur et à mesure que les semaines passaient, les retours du distributeur nous firent comprendre qu'il y avait un vice quelque part. Je n'ai jamais pu le déceler. Finalement j'ai vendu tous les retours pour une somme dérisoire. Mais, j'avais eu une autre idée qui ne m'a attiré que des ennuis. L'astrologue Donatien Gravel était sympathique; nous avions souvent invité ce personnage à notre émission afin de l'aider à se faire mieux connaître. Et j'ai eu la malencontreuse idée de publier *Les Prédictions de l'année 77* par Gravel. Lorsqu'il fut convaincu que cela pouvait être bon pour lui, il fallut travailler pour sortir le livre en temps voulu. Ce furent des jours et des semaines dramatiques. Monsieur Gravel prédisait l'avenir, mais il ne pouvait écrire. Alors il dictait ses vues de l'avenir et nous remettait des cassettes. Mais, comme c'était un grand monsieur, il ne se dérangeait jamais; j'allais le matin chercher chez lui la ou les cassettes qui étaient prêtes. Quelle salade, mes amis... Il se répétait, recommençait ses phrases, se trompait, bafouillait. Il nous fallait remettre ça au propre; écouter, essayer de comprendre, et dactylographier une prose insipide. Nous avons passé des jours et parfois des nuits pour en arriver à présenter un manuscrit correct. C'était un travail de géant. À tel point que nous avons engagé une secrétaire fort intelligente qui a clarifié, traduit, et mis en français certaines cassettes. Naturellement, c'est moi qui allais prendre la cassette chez la vedette de l'astrologie; puis je la livrais à la jeune femme et je retournais chercher son travail quand elle avait terminé. Je vous le dis: un travail de fou.

En même temps, il fallait préparer les photos-couleurs de monsieur, prendre des arrangements avec l'imprimeur, voir à la couverture. Nous avons de plus passé des heures à corriger les épreuves d'imprimerie. Finalement le livre parut à la date prévue, qui correspondait avec une mise en marché. Un cocktail particulièrement réussi réunit tous les journalistes, les vedettes amies, «Toute la ville en parle». Je pense qu'à l'époque, nous avions réussi ce qu'il y avait de mieux comme lancement. Nous avions tiré 50 000 exemplaires et ils avaient été distribués immédiatement.

L'opération terminée, je retournai à Miami en pensant que tout irait bien. J'apprenais que le livre se vendait bien. Mais monsieur Gravel était pressé de toucher ses droits d'auteur. Il téléphonait tous les jours au distributeur, menaçait. Le distributeur avait beau lui dire que, pour connaître le chiffre des ventes d'un livre il fallait le retirer des magasins et que le moment était mal choisi de le faire alors que la vente battait son plein, monsieur Gravel ne comprenait rien; il voyait des journalistes et leur racontait qu'il allait nous forcer à revenir au Québec. À l'époque, je lui ai répondu par les journaux. Pendant ce temps, le distributeur, lassé des emmerdements créés par Gravel, retira les livres du marché. C'était une perte pour moi. Mais que voulez-vous, je ne pouvais en vouloir au distributeur. Si j'avais été présent à Montréal, j'aurais pu intervenir, mais j'avais un associé et je me disais qu'il ferait le nécessaire.

Lorsque le chiffre des ventes fut connu, ce n'était pas si mal: 27 000 volumes avaient été vendus. Le distributeur fit un chèque aux noms convenus, soit Éditions Fontayne et imprimerie Transcontinentale. La plus grosse somme devait être versée à l'imprimerie et le reste à Gravel. Mais l'associé endossa le chèque pour la totalité au nom de l'imprimerie. Naturellement Gravel ne reçut pas la somme qui aurait dû lui être versée. Le téléphone ne dérougissait pas entre Montréal et Miami. J'engueulai copieusement l'associé, l'imprimeur, et je téléphonai à Gravel pour excuser la bêtise faite, l'assurer qu'il recevrait son argent dès que le décompte des exemplaires vendus serait terminé. Il me parla bêtement, faisant du chantage si ridicule que je lui fermai la ligne au nez. Mon avocat, maître Germain Charbonneau, se chargea de toute cette affaire qui aurait dû être avantageuse. Mais il y a des gens qui ne sauront jamais faire des affaires. Depuis ce temps-là, nous ne nous occupons jamais plus d'affaires avec qui que ce soit. Et nous n'avons plus d'ennuis.

Pour me consoler, je pensais souvent aux artistes que j'avais aidés. Il y en a beaucoup, mais tous ne l'avouent pas. Avez-vous remarqué que lorsqu'on rend service à quelqu'un il vous déteste? Je vous ai promis, au début de ce livre, de vous parler de ce que nous avions fait, Maurice Dubois et moi, pour un certain personnage. C'est le temps, c'est l'instant. Jac Duval me dit un jour (c'était à l'époque du «Club des autographes»): «Monsieur Matti, pourriez-vous passer chez moi, à Saint-Bruno... Il y a ici un monsieur qui aimerait vous parler. Il a tellement envie de chanter à Radio-Canada.» Mon Dieu, pourquoi pas? Si je pouvais rendre service à quelqu'un d'intéressant. Je me rendis chez Duval. Il y avait là un petit homme en casquette, les oreilles décollées, avec un petit air que je reconnaissais bien: c'était le sieur Gignac, Fernand de son prénom. Duval commença: «Vous connaissez les succès de Gignac sur disques. Il y a longtemps qu'il fait du cabaret, mais Radio-Canada l'a refusé lorsqu'il a passé des auditions. Pourriez-vous faire quelque chose pour lui?» Je ne promis rien, sauf de faire le maximum. Au bureau, j'en parlai à Maurice Dubois, le réalisateur de l'émission. Nous avons cherché une solution, car, dans ce temps-là, nous n'avions pas le droit d'engager un artiste qui avait été refusé à la fameuse audition. Finalement c'est Maurice qui eut une idée. Lors de l'émission, nous présentions souvent des vedettes qui avaient pris place parmi les jeunes dans les estrades. La première fois, nous l'avons simplement montré à l'écran. Il faut dire qu'il eut droit à une ovation de la part des jeunes présents. Nous allâmes plus loin. Cette fois encore, Gignac était assis parmi le public. Paquette le présenta et les filles dans l'assistance crièrent: «Une chanson... une chanson...» Et Gignac, de sa place, s'exécuta. Comme par hasard l'orchestre avait en main l'arrangement du succès de cet artiste. Les premiers pas étaient faits. Nous avions fait entrer monsieur Gignac à Radio-Canada. Et par la suite, comme je vous l'ai déjà dit, ce personnage n'a jamais cessé de me débiner. Mais je pense que cela ne lui a pas porté chance. D'ailleurs, ce Gignac a toujours eu des réactions bien désagréables. C'est Gilles L'Écuyer qui lui avait fait enregistrer «Donnez-moi des roses». Et c'est Roger Vallée qui avait eu l'idée de faire enregistrer ce garçon. Or Gignac a toujours critiqué ces deux hommes, comme s'il en voulait à ceux qui lui avaient donné une chance. Enfin, passons.

S'il fallait une preuve de plus concernant son caractère, il suffit de penser à sa démission de «Arti-show». Ses explications à la presse correspondent-elles à la vérité? Il faut se rappeler que Gignac avait proféré une énormité en ondes. Alors que nous sommes dans l'année des handicapés, il avait parlé de la plaque d'acier que monsieur Scotty Bowman a dû se faire vissé à la boîte crânienne à la suite d'un grave accident. De dire celui-ci que ça rouillait et que c'était pour ça que Bowman était «plaqué»... Inutile de dire que ce mauvais goût a provoqué des réactions en chaîne à Télé-Métropole. Mais nous ne parlerons plus de ce garçon!

Des livres sur les vedettes

Nous avons rencontré des éditeurs qui sont devenus des amis. Propriétaires des Éditions de Mortagne, les Permingeat nous ont offert de publier une collection consacrée aux vedettes. Nous avons fait signer des contrats à Gérard Vermette. Il raconte sa vie avec beaucoup d'humour, le style en est très bon, les aventures sont croustillantes, et la présentation, très bonne. Mais, malgré l'énorme publicité faite autour de son «potothon» et le record Guinness qu'il a battu, ce livre n'a pas trouvé auprès du public l'accueil que j'espérais. J'avais publié, pour l'anniversaire de la mort d'Elvis Presley, un livre intitulé *Le métier qui tue*. Depuis sa parution, nous avons eu mille preuves supplémentaires que le métier d'artiste est terriblement stressant, et qu'il finit souvent par tuer. Le public n'a pas réagi non plus. J'avais fait signer Willie Lamothe et ce livre sera publié, à moins qu'il ne soit déjà paru au moment où vous lisez ces lignes. Ce qui me désolait au sujet de Willie, c'était de constater chaque jour son peu d'empressement à vouloir vivre. Sa femme m'avouait qu'il se refusait à faire des progrès. Et lorsque je lui parlais au téléphone, le seul son de sa voix me prouvait qu'il abdiquait, et cela me faisait mal. J'essayais de lui insuffler un peu d'optimisme, je tentais de lui faire comprendre comme la vie était belle. Il n'y avait rien à faire; on avait la sensation épouvantable qu'il acceptait de mourir sans lutter. J'ai eu l'impression que le fait de ne pas être complètement maître de ses moyens lui enlevait le goût de vivre. Alors qu'il pouvait progresser, alors qu'il vivait à Miami six mois par année, il ne voulait pas exécuter les mouvements qui l'auraient sauvé. Il refusait même de se tremper dans la mer. Pourtant la mer chaude lui aurait procuré des forces nouvelles. Non, il ne voulait pas. On ne peut pas dire que sa femme n'a pas tout fait pour l'aider, elle le conseillait, l'engueulait même, avec une patience et un amour incroyables. Willie est resté une de mes désolations. D'autant plus que cet homme avait un coeur d'or et qu'il avait, toute sa vie, pratiqué l'amitié avec une fidélité que certains ne lui ont pas rendue. J'avais fait signer un contrat à Pierre Bourgault, non comme politicien, mais comme spécialiste des plantes d'intérieur. Je me suis longtemps demandé, et je me demande encore, s'il est aussi sérieux comme politicien que comme auteur. Dans ce cas, je n'aimerais pas être gouverné par cet homme, non pas pour ses idées politiques qui ne me regardent pas, mais parce que l'auteur a signé un contrat, a encaissé une avance de 2 000$ sur ses droits... et n'a jamais remis le manuscrit. Il ne donnait même pas de nouvelles. L'éditeur a dû remettre son dossier entre les mains de l'avocat. Et un jour, Bourgault a remboursé les 2 000$... Drôle de bonhomme. D'autre part, comme chef j'aurais des craintes sur ses décisions. Enfin, j'ai réussi à faire signer Paolo Noël. Ce ne fut pas facile car il ne voulait rien entendre. Mais il savait que j'avais souvent réussi, et il me respectait suffisamment pour mettre sa signature au bas d'un contrat. Je ne vous raconterai pas tout de ce livre. Sachez seulement que c'est lui, Diane et Fontayne qui ont tenu à ce qu'il écrive dans son propre style. Il ne voulait aucune correction, il voulait être vrai. Après cinq minutes de discussion, je ne me suis pas obstiné, et c'est probablement lui qui a eu raison.

Ce qui m'amène à parler de mon livre. Claude Charron, du *Lundi*, avait eu l'idée de publier mes mémoires en feuilleton et d'en faire un livre un jour. Tout se déroula comme prévu jusqu'au jour où, prétextant ne pas avoir reçu un texte, il annonça à ses lecteurs qu'à la demande de nombreuses personnes, il interrompait la publication de mes mémoires, me libérant ainsi de tout contrat. Plus tard, monsieur Pierre Péladeau me dit qu'il était temps de penser à écrire mes mémoires. J'ai attendu très longtemps, car j'hésitais entre deux formes de livre et de sujet. Finalement les Éditions Quebecor me proposèrent un contrat. J'ai signé et j'ai écrit le livre. Quel sera son sort? Je peux dire que j'ai subi des pressions, qu'il y a eu des doutes, des peurs, des critiques. Comment vivra ce bouquin? Au moment où j'aborde les derniers virages, je n'en sais vraiment rien!

Mais revenons-en aux personnalités que j'ai rencontrées dans le domaine de l'édition. J'ai eu à mettre au propre un livre de recettes écrit par Pol Martin. Il est difficile de dépeindre le personnage. Extrêmement sympathique, on le regarde vivre avec étonnement. Toujours en mouvement, toujours une idée nouvelle en tête, on ne sait jamais s'il est sérieux. Pourtant il a mené à bien quantité de choses. Malgré tout, on reste sceptique lorsqu'il nous parle de projets. Il en a trop. Si tu es un être qui se fait beaucoup d'illusions dans la vie, il ne faut pas connaître Pol Martin, car, après avoir discuté avec lui, tu t'aperçois tout d'un coup qu'il a complètement oublié ce qu'il t'avait promis. Il n'a aucune suite dans les idées et tu ne sais jamais si tel projet est sérieux ou non. Et s'il te téléphone de Toronto pour te dire que l'on dînera un soir à Montréal, il ne faut surtout pas inscrire ce rendez-vous à ton agenda car une fort jolie voix de femme décommandera le rendez-vous une journée ou deux auparavant, sinon le jour même. La première fois, tu te laisses prendre. Mais tu ne recommences pas. Mais quel bon vivant... Un personnage qu'il faudrait inventer s'il n'existait pas. Là où il est étonnant, c'est lorsqu'il fait la cuisine. On ne sait jamais où il va, ce qu'il fait. Il a une façon extrêmement inquiétante de cuisiner; en cours de route, un plat paraît perdu d'avance, mais lorsque tout est fini, c'est délicieux. Je vous le dis, c'est un curieux bonhomme. Il est capable de colères d'enfant gâté. Il n'aime pas que l'on fasse les choses à moitié, et il aime le luxe. Fort spirituel, il a la dent dure. En vérité, je vous le dis, c'est un bonhomme assez exceptionnel, mais changeant comme la température de mars.

J'avais déjà travaillé avec Michel Conte à Radio-Canada. Il était le chorégraphe d'une émission de variétés que réalisait Maurice Dubois. Il avait du talent, mais il était un peu trop sûr de lui. Lors des réunions, il voulait toujours avoir raison. Il avait une conception assez vieillotte du spectacle et il méprisait tout ce qui était commercial. Comme chorégraphe, il ressemblait à ses chansons. Et, naturellement, il me considérait comme un vulgaire marchand de soupe. Nos rapports n'étaient pas particulièrement harmonieux. Mais j'agissais comme s'il n'existait pas et je faisais semblant de ne pas comprendre certains commentaires qui me touchaient directement. Je sais très bien faire l'imbécile quand je veux avoir la paix et que les choses n'ont pas d'importance. Nous avons fait toute une saison en nous supportant, mais il n'aurait pas fallu que cela dure plus longtemps. Et, lorsque je me suis occupé d'édition, on m'a dit: «Nous avons signé un contrat avec Michel Conte. Il a écrit un roman. Nous devons avouer qu'il a refusé carrément de travailler avec vous... affirmant que vous ne l'aimiez pas... et que vous seriez contre lui.» J'ai lu le roman et j'avoue que ce manuscrit avait de la valeur. J'ai donc pris rendez-vous avec Conte. Il refusa, mais la patronne, Rose-Marie, a infiniment de caractère et elle lui a signifié qu'il fallait travailler en harmonie, que je travaillais dans les meilleurs intérêts de son oeuvre et que lui-même devait se conduire un peu plus sérieusement. Finalement, nous nous sommes rencontrés, et la conversation fut intéressante. Il se rendit compte de ce que son attitude avait d'enfantin. Nous avons mené à bon port la sortie de ce roman, mais le succès fut mince. Je dois dire qu'il existe un snobisme ridicule dans le milieu du livre à Montréal; ce roman nous serait venu de France qu'il aurait eu du succès. Parce que c'était un Michel Conte qui l'avait écrit, on bouda. Foutue mentalité...

Il y eut l'histoire Rosita Salvador. Il y avait des années que Rosita Salvador m'avait confié vouloir écrire un livre. Je lui fis donc signer un contrat. Cette jeune femme avait certainement beaucoup de choses à raconter; sa vie était riche en événements de toutes sortes. Mais elle ne se décidait pas à aller au fond des faits. Elle dictait ses mémoires sur un magnétophone. Il y avait notamment un événement très important qui s'était déroulé dans sa jeunesse mais elle l'esquissait et ne voulait pas entrer dans les détails; c'était justement ce qu'il fallait. Les discussions duraient, les rendez-vous étaient pris, mais rien ne paraissait. Devant les réclamations de l'éditeur qui voulait, ou son texte ou les 2 000$ avancés, Rosita Salvador accusa le scripteur qui était chargé de dactylographier le récit de la vedette. Ce qui était faux. Cette affaire a failli aller en cour, mais Rosita Salvador a signé un nouveau contrat, lui permettant de gagner du temps pour livrer un texte dont elle serait la seule responsable. La leçon de Paolo Noël portait ses fruits. Rosita avait d'ailleurs téléphoné à Paolo en lui demandant ce qu'il avait fait et comment il s'y était pris. Vous connaissez Paolo; il avait simplement répondu: «J'ai travaillé. Il n'y a pas de miracle.

Travaille et ton livre sortira.» Au moment où j'écris ces lignes, je ne sais pas où en est le manuscrit de Salvador.

En conclusion à ce chapitre, disons qu'il faut une certaine dose de courage pour faire de l'édition. Je connais de nombreux éditeurs qui auraient refusé le livre de Paolo en prétextant qu'il n'était pas écrit en français pur, et que les faits racontés étaient trop durs. Ils auraient raté des ventes de plus de 40 000 volumes à 12,95$ l'exemplaire... Il y a longtemps que j'ai tiré une leçon de ce courage nécessaire. J'ai parfois payé cher, mais je m'appelle Matti et j'en suis fier. Lorsqu'à CKVL l'émission «Dans l'eau bouillante» débuta et que je gueulais, je protestais, je prenais position, une foule de gens me disaient que j'allais me faire haïr, que j'allais me casser la gueule. Or, avec Hélène Fontayne, qui a compris et respecté ma pensée, ma façon de voir les choses, nous avons obtenu depuis des années les meilleures cotes de popularité. J'ai devant moi le cahier BBM de l'été 81 et les chiffres sont là: «La bête et la belle» a battu, entre dix heures et midi, du lundi au vendredi, Émile Genest, Serge Laprade, Réal Giguère et Michel Jasmin. Lorsque je constate ce fait, j'ai la preuve que le courage et la franchise ont plus de valeur que la vaseline et les demi-mesures. Jamais on ne me fera changer d'attitude. Malgré toutes les critiques, malgré toutes les menaces, malgré toutes les pressions. Je suis entier et je n'admettrai jamais qu'on essaie de m'émasculer. Même et surtout pour des dollars...

La magie noire existe

Notre vie est dominée par des influences que l'on ne connaît pas toujours. Évidemment notre volonté est le moteur de chaque minute que Dieu nous donne pour respirer, mais il y a des ondes, des fluides que nous ne soupçonnons pas et qui créent autour de nous des faits, des résultats, des événements néfastes. Bien des gens ne croient pas en la magie noire. Comme ils ont tort. J'ai la prétention d'avoir les pieds sur terre et pourtant je crois qu'il y a des maléfices qui peuvent jouer contre nous. Les seuls drames que j'ai connus se sont produits à la suite de faits qui sentaient à plein nez les mauvais sorts volontaires. Il faut dire aussi que j'ai souvent provoqué des émissions retentissantes, des corrections morales, par ma seule volonté. Des ondes négatives peuvent obtenir le résultat voulu. L'ayant pratiqué moi-même, je sais que d'autres peuvent le faire aussi. Un jour, à CKVL, Fontayne et moi avons reçu chacun, une poupée faite de chiffons. En les déballant, nous avons eu tous les deux la même impression de rejet. Ces poupées sentaient le désespoir, la méchanceté, le démoniaque. Et nous voulions nous en débarrasser. Aussi bien Hélène que moi, nous ressentions une menace dans ces poupées pourtant insignifiantes. Un jour, nous étions alors à Oka, nous avons allumé un grand feu dans l'immense barbecue à l'extérieur. Et nous avons jeté les deux poupées dans le brasier. Elles auraient dû flamber rapidement, comme des chiffons qu'elles étaient. Eh bien, elles se tordaient dans les flammes. Comme si elles refusaient d'être détruites. Nous avons regardé cette disparition difficile durant plusieurs minutes. Les poupées furent réduites en cendres, mais il faut croire que le mauvais sort qu'elles devaient nous apporter était déjà sur nous. Quelque temps plus tard, c'était l'affaire Giguère qui commençait. Vous me direz qu'un exemple ne suffit pas pour confirmer une opinion ou une idée; d'accord. Aussi, vais-je poursuivre avec un fait bien précis, une sensation physique bien réelle. Je m'étais embarqué à New York à bord de l'*Océanic* pour me rendre à Nassau. Au deuxième jour de mon séjour là-bas, je m'étais assis sur un banc, regardant ce fameux marché près du port où l'on vend de tout. La chaleur était accablante, j'avais l'impression que du plomb fondu m'enveloppait. Une espèce de moiteur tissait une vapeur impalpable autour des gens et des choses. J'aime la chaleur, mais là, j'en avais du mal à respirer. C'était un temps à faire cuire un oeuf sur le trottoir. Alors que je me reposais sur ce banc, un Noir passa doucement devant moi, puis il s'arrêta. Comme un piquet, il se planta devant moi. Immobile, il me faisait penser à un serpent. Il était vêtu de guenilles mais il avait un regard perçant, me fixant droit dans les yeux. J'essayais de ne pas le regarder, je jouais à l'indifférent. Et il restait là, je vous le jure, sans faire aucun mouvement. Il semblait ne pas respirer et ses mains ne bougeaient pas, ni le haut de son corps, ni sa tête; une vraie momie. La sensation que j'éprouvais était de plus en plus trouble. J'étais cloué sur mon banc, alors que petit à petit la colère montait en moi et que je voulais l'envoyer loin, très loin. Si je vous dis qu'il m'a fixé ainsi durant plus de six ou sept minutes, vous vous demanderez si le soleil, ce jour-là, ne m'a pas tourné la tête. Eh bien non, vous pouvez en être convaincus. Finalement il s'éloigna doucement, comme un escargot. Je passai la journée sans repenser à ce bonhomme noir. Nous passions la nuit sur le bateau, au quai. Je me couchai tranquillement, soudain je ressentis des douleurs aiguës au bas du dos. À un point tel que je ne pus rester couché. Je me levai et je marchai pour essayer d'apaiser cette douleur très vive. J'avais l'impression que je me vidais avec douleur. Et ce que je ressentais était physique. Ce n'était apparemment pas une illusion. Je souffrais vraiment, je sentais le mal. À force de prendre des aspirines, je réussis à m'endormir. Le lendemain, lorsque je me suis réveillé, je ne ressentais plus aucune trace de malaise. Comme si rien ne s'était passé. Et je n'ai plus jamais ressenti la moindre douleur jusqu'à ce que...

Quelques semaines plus tard, à CKVL, je reçus un paquet de forme allongée; après l'avoir ouvert, j'y trouvai un parapluie de couleur bleu foncé. Et, pour m'amuser, j'ai descendu les escaliers tel un lord anglais, en me servant du parapluie comme d'une canne. J'eus à ce moment une sensation de fatigue. Nous étions invités à déjeuner par un jeune technicien, Michel Houle, et je refusai, pour la première fois de ma vie, de conduire mon automobile. Arrivés au restaurant, je n'étais pas brillant. Je n'avais mal nulle part, mais j'étais «vaseux». Je bus un apéritif et je mangeai, sans appétit, un steak tartare. Soudain je dis: «Excusez-moi, il faut que je sorte deux minutes.» Je me rendis aux toilettes situées au premier étage. Tout alla très bien jusqu'au milieu de l'escalier. Ma jambe gauche plia, mon bras pesait mille kilos. Et de peine et de misère, en montant sur les genoux, j'arrivai en haut. Puis ce fut le calme. Je me tenais debout normalement, mais toujours cette sensation de fatigue. La descente fut facile, à tel point que je me demandais ce qui avait bien pu m'arriver. Je revins à table, mais je ne pouvais plus manger. Quelques minutes plus tard, je m'excusai: «Je suis fatigué, je rentre chez moi... appelez-moi un taxi.» Je montai dans le

215

taxi sans problèmes. Arrivé chez moi, à Boucherville, encore un escalier, mais je n'eus aucune difficulté. Je rentrai donc chez moi. Je me sentais mieux. Je me mis à l'aise et j'allai à la cuisine. Soudain le téléphone sonna. Je me rendis avec facilité dans mon salon et je répondis. C'étaient mes amis qui téléphonaient du restaurant; je les rassurai, tout allait bien et ils pouvaient finir leur repas tranquillement. Et je me dirigeai vers le lit pour m'y allonger. Vous n'avez jamais vu un mur pencher, s'écrouler sur votre tête? C'est ce qui m'est arrivé. Ma jambe gauche venait de paralyser et mon bras gauche m'entraînait comme un con vers le sol. J'écrasai les quelques meubles sur lesquels j'étais tombé. Je dus me traîner par terre pour essayer d'atteindre mon téléphone. Rien à faire. Je restais écrasé dans le hall d'entrée, collé comme un papillon sur le sol. Et j'attendis. Bientôt, Hélène Fontayne arriva et elle me découvrit dans cet état. Affolée, mais toujours énergique, elle téléphona à Télémédic. Puis à son mari. L'ambulance est arrivée et, pour la dernière fois, j'ai aperçu la maison où j'étais si heureux. Jamais je n'y suis revenu. Le médecin qui m'examina, lors de mon admission à l'hôpital, ressemblait comme deux gouttes d'eau à Louis de Funès. Il en avait les mêmes gestes, la même trousse invraisemblable où tous les instruments semblaient manquer. Après bien des examens, il me dit: «Eh bien, vous êtes admis.» Comme si je venais de gagner un examen pour entrer dans une faculté. Où mon lit était situé, j'ai crevé de froid toute la nuit, et le lendemain je connaissais les couloirs dégueulasses qui servent de chambre à tant de malades. Mais je dois dire que les infirmiers et les infirmières ont été parfaits. Ils ont fini par me trouver un petit coin à peu près tranquille. J'étais vraiment au plus bas. Et, pour comble, ma bouche se tordait, affreuse. Des amis étant venus me voir, Fontayne n'acceptait pas ce défaut de la bouche et elle voulait me convaincre que j'avais une rage de dents, pour éviter de me voir paniquer. Mais moi, avec ma tête de cochon, je disais: «Mais non, je n'ai pas mal aux dents.» Mais il fallait que j'accepte la vérité: ma jambe gauche était complètement paralysée, et mon bras gauche devenait de plus en plus inerte au fil des jours. Finalement, grâce aux efforts de Fontayne et Frenchie Jarraud, j'eus une chambre avec un petit salon. Je pensais pouvoir animer mon émission tous les jours directement de l'hôpital. La direction avait accordé son autorisation et les patrons de CKVL avaient déjà fait installer une ligne «broadcast». Mais il y avait un problème; ma voix me jouait de vilains tours. Je ne parvenais pas à la maîtriser. J'étais admis à l'hôpital le vendredi et les cotes de popularité paraissaient le mardi suivant; c'est à la radio que j'appris que «La bête et la belle» battait tout le monde. J'avoue que j'en ai pleuré. Malgré la gentillesse de tout le monde, il fallait que je me rende à l'évidence. J'étais incapable de faire mon émission, même de ma chambre d'hôpital. Finalement j'ai su que j'avais fait une thrombose. C'est André Rufiange qui a accepté de me remplacer pendant mon absence. Je tiens à le remercier, car il a parfaitement fait ça. Quant à Fontayne, elle a été formidable, menant l'émission, résistant à toutes les pressions, préparant mon retour. Il faut tout de même que je précise quelque chose à son sujet; non seulement, elle animait l'émission tous les jours, mais elle dirigeait *Téléradiomonde* et la revue *Maigrir*. Malgré cela, elle n'a jamais manqué une journée de visite à l'hôpital. Il faut le faire. Chapeau à une grande dame.

Vous vous demandez comment il se fait que j'ai commencé par vous parler de magie avant ma maladie... Tout simplement parce que je suis certain que le Noir, à Nassau, m'a jeté un sort. Parce que ce parapluie avait une signification dramatique. Ce n'est qu'après que j'ai compris. Comme ces poupées de chiffons qui nous avaient amené le mauvais sort. Je suis certain qu'il y a des gens qui se moquent en lisant ces lignes. C'est leur droit le plus absolu, mais leur rire ne m'empêchera pas de penser que la magie noire fait partie de notre vie et qu'il faut s'en méfier terriblement. Moi, j'étais cloué sur mon lit d'hôpital. Lorsque l'on possède ses deux jambes, on ne se rend pas compte de leur utilité; c'est quand on en perd une qu'on le réalise. C'est profondément dramatique de se retrouver soudain immobile, sans pouvoir se lever, aller et venir. Le destin, qui m'avait permis tant de mouvement dans ma vie, me rendait tout à coup incapable de marcher, de vivre. Quand Claude Blanchard venait me voir, et qu'il me parlait de sa maman qui se trouvait dans le même hôpital, souffrant de la même maladie, je réalisais que je n'étais pas seul, mais je me révoltais. Oui, je l'avoue, c'est de la révolte que j'éprouvais. On devient même injuste dans ses raisonnements; j'en arrivais à penser: «Pourquoi pas lui? Pourquoi moi?» On se demande quelle faute on a commise pour mériter un tel châtiment. Oui, je sais, les minus vont dire que je payais tout le mal que j'avais fait. Quel mal? Soyez assurés que, sur un lit d'hôpital, quand on est paralysé, on examine sa vie sans aucune indulgence. On veut savoir. On s'accroche à des pensées, des réflexions, des souvenirs. Et je me suis carrément posé la question: «Ai-je fait du mal?» Même si ça ne vous plaît pas, voici ma réponse. Bien sûr, comme beaucoup de monde, j'ai fait des conneries, mais au fond de mon coeur, je ne peux, et je n'ai pu trouver un mal grave que j'ai pu commettre. Non, non, beautés sublimes, et vous les justiciers de pissotière, je n'ai pas trouvé de mal dans ce que j'ai fait. Et je vous assure que l'on voit clair en soi quand le voile sombre de l'inquiétude, de l'impossible, vous habille. Les premiers jours, je n'ai pas eu mal, mais il y a eu des moments où je recommençais à palper les pans de chemise de cette sacrée gonzesse qu'on appelle la mort. Décidément, je suis fait pour faire l'amour avec la mort. Malgré la joie malsaine que l'on peut avoir à coucher avec une vieille salope comme ça, je souhaite ne pas la revoir près de moi avant des années et des années. J'ai préféré mon opération à coeur ouvert à cette paralysie. Après une opération à coeur ouvert, les douleurs de la cicatrisation interne sont très fortes, méchantes, mais le mal que je ressentais au bras gauche était ahurissant. Dès que l'on me touchait ce bras, je hurlais presque. J'avais l'impression d'un bras en verre qui allait se briser au moindre souffle. Décidément, la mort me fait toujours évoquer le verre. Devient-on fragile comme du verre lorsque l'on frôle la grande froide? En réalité, je n'ai pas eu la sensation que j'allais mourir cette fois-là, mais j'en étais si près sans m'en rendre compte que c'est maintenant que j'en ai froid dans le dos. Médicalement, je suis passé bien près. Je dois la vie à un millimètre de chance. Si la veine avait éclaté un millimètre plus à gauche, je serais aujourd'hui la bête vaincue. Ou un légume, ou une vieille carcasse disparue. Il m'est passé bien des idées par la tête; parfois, je me disais: «Et si je restais complètement paralysé? Si ma bouche restait tordue? Si je ne pouvais plus travailler?» Ces questions ont l'air un peu inutiles quand on a récupéré. Mais quand le pire peut se glisser sous vos draps, quand on fait le bilan du négatif et du positif, et que le négatif semble triompher, il faut une sérieuse dose de volonté pour ne pas se laisser aller à la facilité. C'est si simple d'abdiquer. On se dit: ou je meurs et je suis tranquille pour longtemps, ou je me laisse aller dans un fauteuil roulant jusqu'à la fin de mes jours. Mais non, je voulais vivre, je voulais retrouver mon micro, mes journaux, ma vie. Même si je sentais beaucoup de scepticisme autour de moi, même si des infirmières, pas méchamment toutefois, me laissaient deviner qu'il ne fallait pas me faire d'illusions, jamais je n'ai eu de doutes. Je savais que je reviendrais et je m'étais même fixé une date, en dépit du médecin qui me regardait avec stupeur lorsque je lui disais que je recommencerais à CKVL le 2 septembre... Il fallait être gonflé et avoir confiance en ses moyens et en l'amitié de quelqu'un pour envisager un renouvellement de contrat à la radio. Tout était contre moi. Je savais qu'une personne de CKVL avait téléphoné au médecin pour savoir si je pourrais me rendre au studio et travailler à partir du 2 septembre.

Il y a une femme qui a toujours été extraordinaire dans ma vie. C'est probablement la seule astrologue en qui j'ai une très grande confiance. D'abord parce que je connais sa façon de travailler et surtout sa façon terriblement honnête de penser. Elle a fait des études très poussées et elle continue d'étudier tous les jours. Chaque fois que nous avons entrepris quelque chose — signer un contrat, faire un voyage, acheter une maison, prendre une décision — nous avons toujours demandé à madame Hirsig, puisque c'est d'elle qu'il s'agit, ce qu'elle en pensait. Et elle nous a toujours conseillés d'une façon parfaite. Évidemment ce n'est pas le genre à nous donner des chiffres pour gagner à la loterie... Mais c'est tellement mieux. Sur mon lit d'hôpital, elle a été la seule, avec Fontayne, à croire en ma réussite, en mon retour. Alors que tout semblait pourtant impossible, elle m'assurait que je sortirais à la date voulue et que tout irait très bien. Elle m'affirma avec force que je tiendrais le coup magistralement et que mes efforts seraient couronnés de succès. On avait beau lui répéter les insinuations du médecin, pour ne pas dire ses affirmations, elle refusait de croire un seul instant qu'il puisse y avoir un doute. Souvent je l'appelais le soir, chez elle, pour lui poser la question: «Pensez-vous que tout va bien aller?» Je la dérangeais, mais jamais elle n'a eu un mouvement d'impatience. Avec un calme étonnant, elle m'affirmait que tout irait bien, que je serais le 2 septembre au micro à la station de radio. Si vous saviez le bien que le calme serein de cette femme m'a fait... vous seriez stupéfaits. Et comme elle savait me donner confiance. Pour elle, il n'y avait aucun doute. Et comme elle était attentionnée, elle savait que la nourriture de l'hôpital n'était pas des plus encourageantes. Souvent, je ne pouvais plus manger ce que l'on m'apportait. Or, madame Hirsig, qui est une fine cuisinière, me préparait des petits plats qu'elle m'apportait servis dans des couverts adorables, avec fourchettes, couteaux et tout le nécessaire. Lorsqu'elle ne pouvait venir elle-même, le délicieux acteur Roger Garceau se chargeait de m'apporter toutes ces bonnes choses. Ce sont des gestes que l'on ne peut oublier. Et cette certitude de ma guérison, en dépit de tous. Fontayne a toujours eu une très grande confiance en cette personne; et même lorsque je suis sorti de l'hôpital, elle m'assurait toujours que tout allait bien se passer. Elle a eu raison. Je vais vous faire un aveu: madame Hirsig m'avait dit que l'acupuncture me ferait du bien. Donc, sans en souffler mot à personne, je me suis soumis aux traitements d'un médecin chinois qui me piquait main et jambe. Je dois le dire en toute sincérité: j'en ressentais chaque fois du bien. L'acupuncture me donnait de la force dans les muscles et cela m'a énormément aidé. Ce sont ces paroles d'encouragement, ces gestes si amicaux, cette certitude de ma guérison, qui m'ont puissamment aidé à retrouver l'autonomie que j'ai maintenant. Brave madame Hirsig, je ne vous oublie pas et je penserai souvent à vos prévisions et à votre bonté. Je sais très bien ce que l'on a répondu à l'hôpital lorsque les gens de CKVL se sont enquis de mon état. Ce n'était certainement pas pour encourager un directeur de station de radio à me présenter un nouveau contrat. Après m'être battu contre la maladie, il fallait que j'engage la lutte pour mon travail. Moi, je connaissais mes possibilités; je savais très bien que j'allais réaliser ce que l'on décrivait comme impossible. Je savais parfaitement que je marcherais suffisamment pour me rendre à mon travail et faire mon émission. Je vais essayer de vous résumer mes conversations avec le médecin et vous comprendrez que ce combat contre l'abdication d'un spécialiste était plus difficile encore que la récupération de ma jambe. À la fin de juillet, je dis au médecin: «Il faut absolument que je sorte à la fin du mois d'août, car j'ai un contrat avec CKVL et je n'ai pas l'habitude de ne pas respecter un contrat.» Il était assis et m'examinait comme si j'étais un dément. Pour compléter mon raisonnement, je lui demandai une prothèse afin de pouvoir me déplacer. Il me répondit d'une façon que j'ai trouvée bête et pas constructive: «Même avec une prothèse, vous ne serez pas capable de marcher.» J'avais la réponse, mais je m'entêtais; je sortirais à la fin d'août et je prendrais place au micro aux côtés de l'extraordinaire Fontayne. Et, pour achever son oeuvre «d'encouragement», le médecin me dit: «Et puis, votre maladie vous rend tellement émotif que vous ne pourrez pas parler durant votre émission. Un rien, et vous éclaterez en sanglots.» Je le regardai bien en face: «Je suis émotif ici, lorsque je parle de mes problèmes et que je crois parler avec des hommes qui comprennent... mais lorsqu'il s'agit de travail, vous pouvez être sûr que je saurai dominer mes émotions.» Il est exact que ce qui m'a donné le plus de mal, c'est de dominer cette émotion qui, pour un rien, me mettait les larmes au bord des yeux. Plusieurs individus stupides ou lâches m'ont fait pleurer par leur manque de tact. Ils se croyaient forts, ils me croyaient faible. Qu'ils y viennent maintenant, et qu'ils se montrent aussi prétentieux devant celui qu'ils prenaient pour un invalide pleurnichant. Donc, il fallait que je me sorte des griffes de cette médecine d'abandon. Car je trouve criminel qu'un spécialiste baisse les bras, décourage un malade au lieu de l'encourager. Combien de personnes n'ai-je pas vues clouées depuis des années sur leur chaise roulante, anéanties, découragées parce qu'on leur avait tenu le même langage. Heureusement, j'ai une tête de cochon et je crois en Dieu. Je voulais réussir et je réussirais. Une fois de plus Fontayne et son mari m'ont encouragé. J'avais obtenu l'autorisation de sortir deux fois par semaine de cinq heures du soir à neuf heures. On me descendait en chaise roulante jusqu'à la voiture et on m'emmenait. Quand je suis sorti la première fois, Hélène et son mari ont eu l'idée géniale de m'emmener chez eux, dans leur jardin, à Varennes. C'était la vie qui me pénétrait par la peau, par les yeux, par le coeur. Je regardais le Saint-Laurent qui coule devant la maison; j'ai pris ce soir-là une dose de bonheur, une force invincible. Merci à vous deux, merci, car c'est ce soir-là que j'ai quitté ma livrée de grand malade. Les jours passaient. Au milieu du mois d'août, je comptais les jours. Le jour, à la Villa Medica, je travaillais avec Tian et Michelle, deux jeunes femmes qui m'ont vraiment aidé. Je sentais intérieurement que j'arriverais à mes fins. Un bel après-midi, les deux jeunes filles me dirent: «On va essayer quelque chose aujourd'hui.» Et de me tendre une canne, une canne avec quatre petites pattes. Elles m'ont fait marcher. J'ai marché... Lorsque j'ai eu fini, j'ai éclaté en sanglots, de joie. Je ne pouvais m'arrêter de pleurer. Comme cela me faisait du bien!...

J'avais chargé mon avocat, maître Germain Charbonneau, de discuter de notre contrat avec la direction de CKVL. Et nous nous téléphonions plusieurs fois par jour. Le milieu de la radio est bien spécial et, parfois, maître Charbonneau me posait des questions sur les bonis de cote d'écoute ou autre. Mais, connaissant mon caractère et sachant que je ne manquais pas de parole, il m'avait demandé: «Êtes-vous sûr de tenir le coup?» Et, avec assurance, je lui garantissais que j'étais prêt et que nous reviendrions en première place, Hélène et moi. Cependant, je ne pouvais pas encore monter les escaliers de CKVL qui sont de véritables «tueurs». Tout le monde eut confiance; les patrons de CKVL, mon avocat et surtout ma partenaire. Un contrat d'un an fut signé et je devais commencer le 2 septembre, comme je l'avais prévu. À

CKVL on m'installa un studio au rez-de-chaussée pour que je puisse m'y rendre en chaise roulante. J'étais comblé.

Vous allez trouver que j'en parle souvent, mais sans elle et sans son courage, je n'aurais jamais pu faire ce que j'ai fait. Hélène m'avait trouvé un petit appartement, au rez-de-chaussée, derrière chez elle. Ainsi je pouvais être tranquille. Mais les premiers temps, je ne pouvais pas me retourner dans mon lit tout seul. Je ne pouvais me coucher seul. Je faisais quelques pas avec ma canne, mais un jour je suis tombé et j'ai mis plus de trois mois à oublier cette chute. Alors, les Fontayne m'avaient installé un lit chez eux, au salon. C'est ainsi que j'ai pu vivre mes premiers mois. Et tous les matins, Fontayne poussait ma chaise roulante, me déposait dans l'auto, puis rangeait la chaise roulante dans le coffre arrière. Arrivée au poste, elle devait descendre la voiturette, m'y installer et me pousser jusqu'au studio... Qui aurait fait ça sans jamais rien dire?... Et puis, petit à petit, j'ai mieux marché et je me suis installé dans mon appartement. Mais il se passa encore quelques mois où Fontayne me véhiculait en chaise roulante, à la station de radio ou au restaurant. Je reprenais tellement goût à la vie que je faisais des progrès tous les jours. À tel point que j'ai décidé, un jour, de monter faire l'émission en studio, malgré les escaliers. Depuis des mois, nous faisons notre émission comme des grands, dans le studio. Et nous n'emportons plus jamais ma chaise roulante.

Si tout va merveilleusement maintenant, il faut essayer de revivre ensemble ma première journée, le 2 septembre. D'abord, en auto, tout le long du chemin, je me faisais tout petit dans mon costume. J'avais peur. Peur surtout de ma voix qui me jouait parfois des tours. Mon entrée au studio se passa bien, mais j'attendais le signal du départ en serrant les fesses. Puis, à dix heures moins cinq, un coup de téléphone; c'était l'ami Michel Jasmin, celui qui m'avait tellement encouragé quand j'étais à l'hôpital. Il me souhaitait bonne chance. Je fus pris aux tripes et j'ai eu bien du mal à commencer l'émission, car mon émotivité risquait de me jouer un mauvais tour; j'ai tenu. Mais il fallait que je force ma voix. Je savais qu'elle avait tendance à me lâcher. Et, tel un boxeur qui a pris un mauvais coup, je faisais semblant de ne rien ressentir. Pourtant je savais ce qu'on disait autour de moi: «Il ne tiendra jamais. Il n'a plus la même voix.» Bref, on ne me donnait pas trois semaines. Certains s'en attristaient, d'autres se réjouissaient. Je savais tout ça, et je luttais. Pour marquer mon retour, il fallait que je cogne dur, que je passe le K.O. Je n'avais pas les moyens de faire de la dentelle; et je cognais à grands coups de gueule, d'idées. Une autre bataille à livrer. Moi, je savais où j'allais, mais les autres, même mes meilleurs amis, pensaient que j'allais trop loin. Il y en a même qui ont dit: «C'est sa maladie... il va un peu fort... il n'est peut-être plus maître de lui.» J'en entendais de toutes les sortes. Mais il fallait que je résiste, que je continue d'appliquer le plan que je m'étais tracé. Lorsque les premières cotes d'écoute furent connues, nous étions largement premiers, avec des chiffres étonnants. Je commençais à respirer... Mais que ces batailles ont été difficiles! Toutes les luttes sont pénibles, car pour gagner il faut se battre et sans demi-mesures. À notre époque, la fadeur ne plaît plus. Tu dois donner ce que tu as en toi de pire et de meilleur. Ou alors ne fais pas ce métier...

L'année des handicapés

Plus que n'importe qui, ou du moins autant, je vis l'année des handicapés. Et Dieu seul sait que je ne me considère plus comme un handicapé. Avant toute chose je dois reconnaître que l'être humain possède des ressources invraisemblables et une ingéniosité insoupçonnable. Mon bras gauche et ma main gauche ne fonctionnent pas encore. Tous les jours, je m'astreins à faire les mouvements nécessaires et je sens des progrès qui me permettent de croire que dans quatre ou cinq ans je pourrai me servir de ce bras et de cette main facilement. Vous allez me dire: «Comment peut-on vivre en prévoyant une attente de quatre ans?» C'est simple, car un handicapé devient patient, à condition bien sûr qu'il ait le courage de vouloir. La volonté, tout est là. Quatre ans, c'est vite passé lorsqu'on sait que l'on retrouvera un épanouissement presque total. Quatre ans, c'est la mort si on ne croit pas, si on n'espère pas, si on ne veut pas. Et si je vous dis qu'on devient très habile à se raser, se laver, s'habiller, avec une seule main. Encore un point que je reproche à ceux qui nous soignent dans les hôpitaux: on nous diminue en nous faisant nous raser avec un rasoir électrique, soi-disant parce que, avec une seule main droite, il nous est impossible d'agir autrement. J'ai vite appris, une fois rentré chez moi, que je pouvais, sans aucune difficulté, me raser avec des lames et du savon. Depuis des mois, j'ai foutu au panier un rasoir électrique coûteux. Pour ouvrir le courrier, cela semble pénible. Mais non, il suffit de glisser un doigt de la main droite dans un bout de l'enveloppe, on fait une petite déchirure, puis on glisse le doigt qui va servir de coupe-papier et, avec la bouche, on maintient l'enveloppe tandis que le doigt la déchire. Je ne vais pas vous livrer un manuel du parfait handicapé, mais il faut reconnaître que l'homme a des ressources illimitées.

C'est justement tout ça qu'il aurait fallu mettre en évidence lors de cette année des handicapés. Une multitude de gestes possibles pour faciliter la vie de ceux qui se sentent amoindris. Les aider à mieux vivre en leur enseignant des solutions pratiques, et non en livrant des messages insignifiants, écrits par des gens ignorants des réalités des handicapés. Au lieu de nous donner de l'espoir et une façon de mieux s'adapter à nos maux, on nous a foutu René Lévesque dans une chaise roulante. Quelle plaisanterie de mauvais goût. D'autant plus qu'il est très facile d'être dans une chaise roulante lorsque l'on possède ses deux jambes et ses deux mains. Il est enfantin de conduire une voiturette de cette sorte quand on possède la force motrice normale. D'autre part, ce qu'il y a de sinistre dans cette comédie, c'est que l'on supprime justement tout ce qu'il y a de grave, d'humiliant, dans l'impossibilité d'être libre, de se mouvoir seul. Ce n'est pas tout de rouler; mais combien de handicapés sont à la merci d'une âme soeur qui pousse leur voiture. Combien d'hommes ou de femmes souffrent de ne pas pouvoir seulement aller faire pipi sans l'aide de quelqu'un, combien sont malheureux de devoir faire porter leur moyen de transport dans un coffre d'auto, ce qui nécessite les efforts d'une personne bienveillante. Être à la merci des autres, malgré toute la bonté de ceux qui aident, qui comprennent, qui soulagent, c'est ça le difficile à supporter. C'est pourquoi René Lévesque nous a choqués, tous les handicapés; malgré la singerie de la chaise roulante, il pouvait se lever à tout instant, pisser, aller prendre des documents, fumer, se rasseoir à volonté. C'en était à pleurer de rage de voir cette mascarade. Et le sieur Lazure, avec un bandeau sur les yeux. Combien d'aveugles, en l'apprenant, ont souffert dans leur nuit. La journée finie, le bandeau enlevé, monsieur Lazure, retrouvait la lumière; l'aveugle restait dans l'obscurité et cela, sans espoir. Franchement, il faut manquer de jugement pour se livrer à des actes aussi maladroits. J'irais même jusqu'à dire qu'il faut manquer de tact, de coeur, et d'intelligence pour avoir osé faire une caricature aussi inutile de gens qui ont déjà assez de mal à supporter leur fardeau.

Moi, j'ai la prétention d'être un favorisé, car j'ai été entouré d'attention et d'affection. Il n'en reste pas moins que je ressens toujours de la gêne devant les efforts qu'on fait pour m'aider. Parfois je suis là, comme un con, seul devant ma vie. Et j'ai continuellement peur de devenir un trouble-fête. Pourtant je suis assez autonome, je peux partir en vacances et je me fais le moins encombrant possible. Pourtant je crois être assez facile à laisser vivre, et malgré cela je souffre du mal d'ennuyer. Donc, c'est ce mal que subissent tous les handicapés, qu'il faut diminuer, éliminer. Et non pas faire de malheureux numéros de cirque plus humiliants qu'autre chose.

Cette année des handicapés ressemble à un os que l'on offre à des chiens affamés, en leur disant: «Beau chienchien... regarde comme on pense à toi... c'est bon... miam miam...» Les responsables de cette idée n'ont pas pensé qu'en plus de leurs souffrances, les handicapés ont une fierté plus émoussée que celle de n'importe qui. Il fallait chercher du côté pratique, éviter toute attitude qui puisse blesser l'amour-propre de ceux qui se sentent amoindris, à tort ou à raison. Il fallait sonder le coeur humain, et surtout les coeurs qui saignent.

De plus, il aurait fallu essayer d'apprendre aux gens à être plus humains, mieux élevés, moins égoïstes. C'est ainsi que je me déplace, avec une canne! On voit bien que je ne peux courir, que je ne suis pas encore prêt pour le marathon, il suffit de voir ma canne, ma démarche, pour se rendre compte que je ne possède pas tous mes moyens. Or si vous saviez le nombre de gens, vieux ou jeunes, qui me coupent, me foncent dedans, ne me laissent pas passer, franchissent une porte juste devant moi au risque de me faire tomber. Les gens sont froids, inconséquents et méprisants. Ils ne se rendent pas compte qu'ils peuvent se retrouver dans cet état demain. De toute façon, ils ne pensent qu'à eux. Cette campagne aurait dû servir à apprendre aux gens à aimer, respecter, aider, tendre la main dans un geste de bonté. Non, on a préféré faire les guignols. Et quand je pense que c'est un premier ministre et des ministres qui se sont livrés à cette pantomine, j'en ai honte pour eux et je me demande où se trouve l'intelligence.

Pour mieux souligner l'année des handicapés, et si ce livre ne paraît qu'après 1981, pensons plutôt à des êtres merveilleux qui ont lutté sans gouvernement, sans l'exploitation du faux coeur. Leur exemple donnera davantage d'espoir à tous ceux qui ont besoin de soutien moral. Commençons par un Michel Jasmin qui, en pleine jeunesse, a subi un accident très grave. Atteint à la colonne vertébrale, il a eu les deux jambes handicapées, finies, mortes. Il a lutté pendant des années pour finalement s'entendre dire par six médecins de l'hôpital Charles-Lemoyne qu'il ne bougerait plus jamais et qu'il devait se faire à l'idée de passer sa vie dans un lit orthopédique. L'homme s'est révolté contre cet abandon. Il voulait vivre, reprendre son travail et il rejeta cette décision négative et inhumaine de médecins que je juge irresponsables, pour ne pas dire ignorants. Il changea de lieu, de médecin, et il entreprit une guerre contre son handicap. Malgré des genoux finis, des pieds paralysés, il fit des exercices, il tendit sa volonté, puis finalement on lui fit porter un corset qui l'enserrait de la taille aux pieds. C'était très douloureux à porter et il lui a fallu énormément de volonté pour se déplacer. La seule chance qu'il avait, c'était d'avoir ses deux mains. Mais quelle lutte épique il a menée, ce cher Jasmin. Et maintenant, grâce à ses efforts incroyables, malgré des spécialistes inertes et irresponsables, il est là, brillant, courageux. De plus, il a réussi; il est devenu une des vedettes les plus populaires. Il n'a pas eu besoin de voir monsieur Lévesque en chaise roulante. Et il se paie le luxe de jouer au golf, et très bien encore. Il a même accepté d'être monté sur un cheval de cirque pour une représentation au cours d'une de ses émissions.

Et Jean Duceppe... Quel bonhomme! Après plusieurs défaillances cardiaques, rongé par le diabète, il travaille comme un forcené et il n'abandonnera jamais. Savez-vous qu'il a, de plus, un lourd handicap à supporter? Jean ne peut marcher tellement il souffre des pieds. Pour arriver à faire tout ce qu'il entreprend, il doit suivre des traitements pour les pieds tous les jours à l'hôpital Saint-Luc. Des traitements extrêmement douloureux. Et regardez-le avec son bon sourire. Il respire la bonté et le goût du travail honnête. Jamais il ne vous parlera de ce qu'il endure.

Et, si on veut chercher des exemples au cours des années passées, il suffit de penser à Jacques Normand. Seuls ceux qui connaissent bien Jacques savent ce qu'il a pu souffrir à la suite de son accident qui atteignait sa colonne vertébrale. Tout le monde riait, Jacques le premier, de cette maudite boisson dont il abusait un tantinet; il faut se rendre compte que Normand avait besoin d'un calmant. Il l'avait trouvé dans l'alcool. Je me souviens d'une anecdote alors que j'étais le scripteur de «Music-Hall» à Radio-Canada. Jacques Normand était le maître de cérémonie de l'émission. On avait toujours peur de le voir arriver complètement «rond» au moment d'entrer en ondes. Alors on m'avait chargé de le surveiller. Entre deux répétitions, nous descendions au café à côté du studio, boulevard Dorchester. Je m'asseyais à sa table. Et il commandait un double Perrier. La serveuse lui apportait un double Perrier. Dès qu'il l'avait bu, il en recommandait un autre. Et, chose curieuse, lorsque l'on attaquait les répétitions finales, il était flageolant et trouvait ses mots avec une fourchette à escargots. On se demandait tous où il avait pris de la boisson. Un jour, je descendis avec lui au café; il commanda son Perrier. Et je suivis la serveuse. Elle était très gênée. Je lui dis: «Soyez gentille, faites-moi voir la bouteille de Perrier...» La pauvre fille m'avoua que Jacques Normand lui avait demandé, dès le début de la saison, de lui servir un verre de gin chaque fois qu'il demanderait du Perrier. Avec un peu de soda, le tour était joué. Et notre Jacques se saoûlait gentiment devant nos yeux, en consommant ses joyeux Perrier. Lorsque la serveuse a apporté un vrai Perrier à Jacques, vous ne pouvez imaginer la tête qu'il a faite en avalant une gorgée. Son truc éventé, Normand trouva autre chose. Il ne sortait plus. Il restait sagement dans sa loge. Pourtant, il était «pompette» lors de l'émission. Je fouillais ses affaires, je fouinais dans sa loge, et je ne trouvais rien. Jusqu'au jour où j'ai découvert sa cachette; il mettait ses bouteilles d'alcool derrière le radiateur. C'était vraiment impensable d'aller trouver ça là. Malgré tous mes efforts, la saison fut difficile, car il avait toutes les ruses. Mais quand on savait à quel point il souffrait, on lui pardonnait et on fermait les yeux sur ses libations mystérieuses.

Paolo Noël a été opéré plusieurs fois à la colonne vertébrale et il souffrait de plus en plus. Il a fait des tours de chant en se demandant s'il pourrait tenir le coup. Il lui arrivait de se coucher par terre afin de supporter un peu la douleur. Dernièrement, il a fallu qu'il se décide à se faire encore opérer. Sinon Paolo serait resté complètement paralysé.

Je suis moi-même un exemple d'homme qui a refusé de capituler devant le mal, qui a retrouvé son travail et qui prouve que la volonté, la connaissance de son métier et le respect de son public permettent de reconquérir les toutes premières places. Pensez que j'ai écrit ce livre à la dactylo avec une seule main... Les doigts, ça va encore, mais pour passer des minuscules aux majuscules et repasser aux minuscules, c'est toute une gymnastique qu'il faut apprendre. Mais, ce n'est pas ce qu'il y a de pire...

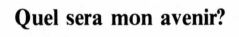

Quel sera mon avenir?

J'ai eu 64 ans. Je pense que j'ai tout connu. Une opération à coeur ouvert, une thrombose suivie d'une paralysie. Quel sera mon avenir? C'est une question que je me suis posée avant de prendre des décisions. Il ne suffit pas de se lancer dans des aventures sans prendre un élan, respecter ses envies, ses goûts, tout en calculant ses possibilités. Tel que je suis, je me sens en pleine forme et il n'y a aucun empêchement pratique à ce que je puisse travailler. Je relis souvent un livre que monsieur Pierre Péladeau m'a apporté un jour à l'hôpital. Un livre qui, m'écrit-il en dédicace, lui a fait personnellement du bien. Ce livre résume ce que je ressens. Je suis croyant et je ne m'en suis jamais caché. La Sainte Vierge est une bénédiction de chaque jour et de tous mes efforts. Notez que je ne suis pas le petit apôtre béat qui passe son temps à faire des prières et qui attend que Dieu fasse tout pour lui, que ce soit dans la maladie ou dans le travail. Mais je jouis de cette protection, je m'en repais, je m'en nourris. Donc, je rejoins ce besoin d'un homme qui a été et, indirectement, est toujours mon patron. Ce qu'il y a de merveilleux entre Pierre Péladeau et moi, c'est que je n'ai jamais été un «yes man», un lèche-bottes; bien au contraire. J'ai même souvent pris des positions qui étaient en nette contradiction avec les idées de Péladeau. Je le respecte et il me respecte. Parmi mes projets d'avenir, je ne vois pas un retour à la direction d'un journal. Peut-être tout au plus une collaboration. À moins qu'il ne s'agisse d'un journal politique, car j'ai toujours manifesté beaucoup d'intérêt pour la politique. Mais je n'ai jamais voulu en faire ici car je pars du principe que ce n'est pas le rôle d'un homme accueilli dans un pays de venir dire ce qu'il faut faire ou ce qu'il ne faut pas faire. Il m'est arrivé de lancer des flèches à certains hommes politiques, j'ai participé techniquement à la campagne d'Yvon Dupuis mais je n'y ai pas été actif. C'est ainsi que, à Québec, le soir de l'ouverture de la campagne de Dupuis, je savais déjà qu'avec l'attitude qu'il venait de prendre, il ne gagnerait pas un siège. L'homme qu'il était auparavant à la radio nous l'avait fait connaître comme un petit dictateur et le peuple attendait de lui une présence de chef autoritaire prêt à calmer tous les troublions de la province. Si Dupuis avait frappé sur la table, s'il avait eu un programme de très grande autorité, il aurait peut-être été premier ministre, car le peuple de la province de Québec attendait la venue d'un chef, même d'un dictateur. Il a raté son coup car il a joué les pères de famille, les tendres, et ses seuls sarcasmes allaient aux petits journalistes péquistes, ce qui était insignifiant. D'ailleurs ce soir-là, il y avait un homme dans la salle qui écoutait, qui critiquait; c'était Claude Ryan. J'avais examiné ce journaliste et je ne le voyais pas du tout en politique active. Je n'ai pas changé d'idée. Vous voyez que la politique me brûle et que je ne dirigerai un journal que si c'est un journal de combat. Il est temps que l'on fasse de la vraie politique ici, que l'on perde l'habitude de toujours pleurer, de s'apitoyer sans jamais s'occuper des vrais problèmes. On s'amuse à faire de la politique; lorsqu'un peuple est riche, on peut mener cette vie de gamin qui s'amuse. Mais lorsque les temps deviennent difficiles, il faut cesser de faire joujou. J'ai connu Camil Samson; c'est loin d'être un imbécile, mais il a bénéficié de trop d'élections faciles et il n'a pas eu à perfectionner ses arguments et sa pensée. Il s'est écroulé, vidé de toute substance. Fabien Roy pensait avoir des qualités; mais il s'empêtrait dans ses mots comme il le faisait dans ses idées. Il a voulu jouer au chef, alors qu'il n'était qu'un chef de gare. Robert Bourassa a eu le malheur de prendre le pouvoir alors qu'il était trop jeune. Et il avait un gros défaut politique: il se cachait lorsqu'il ne parvenait pas à solutionner un problème. Il reste pourtant le seul véritable homme politique dans la province. Mais, s'il veut atteindre les plus hauts sommets, il faudra qu'il apprenne à ne pas parler à n'importe qui. Il lui est arrivé de se confier à des gens insignifiants qui répétaient un peu trop facilement les confidences du premier ministre. J'ai interviewé bien des péquistes avant qu'ils ne soient au pouvoir. Cela se passait au canal 10 et je me souviens que je n'avais pas rencontré une grande approbation au sein de la direction. C'est ainsi que j'avais reçu René Lévesque. C'est l'homme le plus méfiant de la terre; d'ailleurs sa manie excessive de fumer cache une certaine angoisse, une inquiétude perpétuelle. À chaque question, il vous regarde de ses yeux bleu cassé, son regard vous interroge avant de vous répondre. Ses gestes nerveux prouvent qu'il redoute l'avenir. Et si parfois il emploie des mots violents, des expressions étranges, c'est pour se donner une image qu'il sait très bien être fausse par rapport à ce qu'il ressent. Marcel Léger est un bonhomme adroit, dévoué, qui s'occupe de ce que son chef lui confie. Mais on sent dans cet homme qu'il ne faudrait pas grand-chose pour qu'il s'impose un jour comme leader, et lui qui a l'air très doux, deviendra féroce lorsqu'il aura mordu au pouvoir absolu. Et ce temps n'est peut-être pas loin. Il y avait un homme que je respectais infiniment: Robert Burns. Il était trop honnête pour rester dans la politique. Il a toujours fait un excellent travail. Mais il ne pouvait supporter le double jeu et il a préféré quitter la lutte avant de s'écoeurer. J'ai bavardé avec Camille Laurin et ce n'est pas l'homme qui m'a laissé la plus grande impression. Loin de là. Sa façon de parler, ou surtout de ne pas parler, est désagréable; on a la sensation que ses silences sont calculés et qu'il a toujours quelque chose à cacher. Il a une façon bizarre de vous regarder tout au long d'une conversation et il donne l'impression d'être absent. Les hommes politiques m'ont paru vides et sans idées. J'ai fait chanter Yvon Dupuis, j'ai fait danser Camil Samson, j'ai parlé de poésie avec René Lévesque, avec monsieur Stanfield, j'ai parlé de ses roses. J'ai oublié Gabriel Loubier et j'ai toujours regretté de ne pas avoir confronter mon arrogance à celle de Pierre Elliot Trudeau. J'aurais aimé un duel verbal et j'ai la prétention de penser qu'il aurait eu du mal à s'en tirer. Ce qui ne veut pas dire que je ne l'aime pas; c'est un homme remarquablement intelligent, mais qui souffre de ne jamais avoir eu devant lui un adversaire qui sache jouer au ping-pong du verbe. Le seul homme d'État que Trudeau a eu du mal à saisir, c'est Ronald Reagan. Entre parenthèses, je crois bien avoir été le seul, sur les ondes d'une station de radio, à avoir annoncé la victoire de Reagan avant que les élections aient lieu. Tous nos beaux spécialistes voyaient en lui un acteur de cinéma, mais ils oubliaient qu'il avait été un excellent gouverneur de Californie. C'est en riant que j'ai entendu des phrases aussi bêtes que: «Il va voir que ce n'est pas du cinéma et que ce n'est pas un western.» Pauvres petits minables qui jugent aussi bêtement. D'ailleurs je dois avoir la franchise de dire que, chez nous, les (soi-disant) spécialistes de la politique étrangère ne sont pas brillants; ils n'y connaissent vraiment rien. Un ministre tel que Francis Fox est jeune et il a un avenir certain. Je me souviens de lui alors que je faisais applaudir la foule au cours de l'émission «Caravane». Francis Fox était un jeune étudiant et il se passionnait pour tout ce qu'il voyait; nous en avons parlé un jour avec une certaine émotion. C'est un homme à surveiller pour l'avenir. Ainsi que vous pouvez le constater, si je reprends la direction d'un journal, ce sera uniquement un journal politique. Pendant des années, j'ai parlé des artistes; à part quelques-uns, ils ne sont pas intéressants. Pour avoir de la publicité, ils vous racontent n'importe quoi; dès qu'ils ont obtenu la première page, ils téléphonent à un journal concurrent et ils démentent la nouvelle qu'ils avaient eux-mêmes donnée. Ceci afin d'avoir une autre première page. C'est un milieu louvoyant où vous ne savez jamais où se situe l'amitié ou l'intérêt. Par contre il y a plusieurs artistes qui sont de parfaits amis. Je ne m'occuperai plus de disques, car on retrouve ce qu'il y a de malsain dans ce milieu. Et puis, aussi longtemps que les distributeurs pourront faire ce qu'ils veulent, sans contrôle réel possible, il sera impossible d'avoir une industrie du disque solide, industrielle. S'il fallait compter le nombre de disques sortis en cachette, à l'insu du producteur, il y aurait une fortune à redistribuer. Il y a eu des responsables de distribution et de maisons de tirage, de pressage, qui se sont fait de petites fortunes sur le dos de producteurs qui, eux, ont tout perdu, jusqu'à leur dernière chemise. Sans oublier la meute des artistes qui racontent partout qu'ils ont vendu tant de disques et qu'ils n'ont pas touché leurs droits. Si les gens savaient que quantité de disques ne dépassaient pas des ventes de 800 ou 1 000 exemplaires... et encore. Non seulement on perdait de l'argent avec eux, mais ils prétendaient se faire exploiter... Non, fini le disque! Quant à être éditeur de musique, je ne sais où sont passés les fonds des éditions qui portent mon nom. Il faudra bien que je fasse le nécessaire un jour pour obtenir les détails qu'on aurait pu me communiquer. Vous pouvez constater que tout ce qui est artistique disparaîtra de ma vie. La télévision, je ne pense pas y revenir. Mais de cela je ne jurerais pas.

J'aime la radio. J'ai toujours aimé la radio et je ne m'en suis jamais caché. Si tu réussis, tu es le seul responsable; si tu te casses la gueule, tu es le seul coupable. On se bat directement avec le micro, on lutte avec nos propres armes, sans entraves, sans censure, sans intermédiaires. Lorsqu'on obtient la cote d'écoute désirée, nous ne le devons qu'à nous-mêmes. Si nous la perdons, à nous de regarder ce qui ne va pas et de trouver les idées qui nous mènent à l'avant du combat. À la radio, nous sommes maîtres de notre destin. Vous entrez chez les auditeurs; ils vous gardent ou ils vous foutent à la porte. C'est ce genre de lutte que j'aime. C'est pourquoi vous m'entendrez encore longtemps sur les ondes montréalaises. Les formules changeront peut-être, mais aussi longtemps que je le pourrai, je me consacrerai à ce média. Et je suis certain de rester longtemps premier. Hélène Fontayne et moi, nous avons réussi à bâtir un couple radiophonique que l'on a voulu imiter, sans aucun succès. La vérité du départ de Serge Laprade de CKAC est bien simple: la direction cherchait en vain comment battre le tandem Matti-Fontayne. Alors, ils auraient voulu que Laprade copie le style Matti, en compagnie de Suzanne Lévesque, qui aurait essayé de jouer les Fontayne. Serge est trop intelligent pour avoir accepté ce genre de sport. Et il a refusé de faire une caricature. Comme il a eu raison; Laprade a un style, une personnalité, et ce n'est pas pour le cachet d'une station de radio qu'il aurait abdiqué ce qu'il est. D'ailleurs il a rapidement trouvé un autre emploi sans même chercher. Dans ce métier de la radio, j'ai connu bien des personnalités et vécu des moments bizarres ou drôles. Un garçon qui avait des qualités est indiscutablement Paul-Émile Baulne, mon adjoint à la direction de la programmation de CJMS. Il a si bien fait son chemin qu'il est devenu le grand patron de CKAC. Nous nous sommes rencontrés souvent à une certaine époque. Nous aimions parler du métier; nous n'étions pas toujours d'accord sur les artistes qu'il engageait et sur certaines émissions. Je le lui disais et souvent, lorsque les résultats des cotes d'écoute étaient connus, je lui rappelais mes prédictions. Et il changeait de programmation à ces heures-là. Il y a longtemps que nous devons déjeuner ensemble, mais malheureusement, ma maladie a tout foutu en l'air. Lorsque nous étions à CJMS il voulait absolument que j'anime une émission intitulée «Interdit aux femmes». Jamais la grande direction n'a accepté; pensez donc, un directeur de la programmation qui prend le micro; ça ne se fait pas... Depuis, j'ai eu le plaisir de battre ce poste si souvent en étant au micro de CKVL que cela me venge un peu de l'étroitesse de pensée de certains personnages importants.

Je me souviens de Michel Trahan, qui animait à CKLM une émission pour les jeunes. Un jour, il a remis sa démission car il n'en pouvait plus des contradictions de Guy d'Arcy. Tous les jours il y avait des changements. Michel se transformait en poisson desséché; il ne savait plus où donner de la tête et il prit la décision de tout laisser tomber. C'était une perte pour la station de Laval, située rue Sainte-Catherine. Un personnage qui a marqué la radio à Montréal, c'est bien Frenchie Jarraud. Je l'avais connu alors que j'arrivais de France; il animait une émission nocturne à CJMS sur le boulevard Dorchester. Moi qui arrivais de Paris et qui me faisais engueuler chaque semaine par le directeur de la programmation de Radio-Luxembourg, Gilbert Cesbron (oui, l'auteur de *Chien perdu sans collier*), parce que je disais des choses qu'il ne fallait pas dire, j'étais absolument étonné de voir tout ce que l'on pouvait dire sur les ondes. Il faut reconnaître que Frenchie ne s'est jamais gêné et cela a fait sa popularité pendant des années. Ce bougre de bonhomme, c'est lui qui m'a convaincu de faire des croisières. Il me parlait constamment du *France* et je pensais qu'il me racontait des histoires quand il parlait de la vie à bord.

D'après lui, c'était une vie de milliardaire à prix abordable. Il avait une telle façon de parler des menus que je me demandais s'il était Marseillais. Des plats à profusion, du caviar, du foie gras, du vin à volonté, des chapons à la crème, des poissons au champagne, de tout, de tout à volonté. Et, dans la cabine, un service vingt-quatre heures sur vingt-quatre heures. Quel bateau! Finalement nous sommes partis avec lui et sa femme, ainsi qu'un couple d'amis. Ce fut le rêve promis. Jarraud n'avait rien exagéré. J'ai fait plusieurs voyages à bord de ce paquebot merveilleux. Je n'ai jamais rien eu à reprocher et je dois avouer que c'était vraiment la vie de milliardaire dès que tu montais sur le pont; et c'est Jarraud qui m'avait fait connaître tout ça. J'ai connu des moments émouvants avec Frenchie. Lorsque je me suis rendu compte que je pourrais peut-être mourir au cours d'une opération, je l'ai chargé de certaines questions personnelles et il a toujours fait le maximum. Un qui m'a déçu, parmi tant d'autres, c'est Claude Mouton. Alors que je dirigeais CKAC, je l'avais nommé au poste qu'il m'avait demandé, aux sports. Pendant la grève de *La Presse*, il avait dû m'emprunter 300$, ce qui n'est pas un mal en soi. Je lui avais prêté l'argent; il me l'a rendu. Mais je n'ai plus jamais eu de ses nouvelles. Et un jour, alors que j'étais dans une mauvaise situation financière, je lui téléphonai pour lui demander s'il pouvait m'avancer cent dollars pour quelques jours. Il m'a répondu qu'il regrettait, mais que ses impôts... Franchement cet homme m'a terriblement déçu. Ce n'est pas tellement le fait des cent dollars, que le ton et la manière. Il y en a qui ont la mémoire courte.

Avec Yvan Ducharme, c'était autre chose; un personnage assez insaisissable que celui-ci. Humoriste amer ou poète de charme? Du temps où je le dirigeais, je n'ai rien eu à lui reprocher. Il faisait bien son métier, mais il ne voulait rien changer dans sa façon d'animer son émission.

Et quand les cotes d'écoute ont commencé à baisser un peu, il est resté le même. Lorsque je discutais avec lui, je me demandais toujours à quoi il pouvait rêver, vers quel lointain rivage il transportait son imagination. Malgré cette brume qui l'enveloppait, je le trouvais attachant. Lorsqu'il est tombé malade, j'ai souvent pensé à lui. Et j'ai été heureux lorsqu'il s'est rétabli! Pourtant les gens du milieu se sont montrés très durs envers lui car personne ne veut plus l'employer. Pourquoi? On m'a raconté qu'il avait été insupportable sur le plateau de réalisation des «Berger». Il voulait toujours n'en faire qu'à sa tête! Si on lui demandait d'apporter une chemise bleue, il en achetait une verte. Et il se plaignait souvent lorsque le rôle lui paraissait trop court. Pourtant ce sont les responsables de l'émission qui lui avaient appris à jouer la comédie. Il est dommage qu'un bonhomme comme ça soit éliminé du métier, sans avoir vraiment eu une deuxième chance. Ou peut-être n'a-t-il pas su la saisir?

J'ai travaillé avec Janette Bertrand et Jean Lajeunesse. À CKAC nous avions eu l'idée d'installer un studio dans leur cuisine, chez eux. Et c'est là qu'ils animaient leur émission. Je n'ai jamais eu de problèmes avec eux. Il en fut de même lorsque nous avons enregistré un long jeu d'exercices physiques. Je ne sais pas quel défaut je pourrais leur trouver; gentillesse, ponctualité, talent et goût du travail, je n'ai connu que des qualités chez ce couple. Il en fut de même avec Huguette Proulx.

Il était facile de travailler avec Normand Fréchette. Toujours souriant, il faisait son travail avec gentillesse et sans complications. Il n'en était pas de même avec Michel Desrochers. Michel se croyait incompris. J'ai passé des heures dans mon bureau en sa compagnie; je me heurtais à une incompréhension totale, pour ne pas dire à un complexe de martyr. Il y avait en lui un mélange de doute sur ce que l'on pensait de lui et une certitude d'être très bon, sans discussion possible. L'artiste était têtu, l'homme était hésitant. Ce qui compliquait bougrement les contacts. Et pourtant, cet homme a un coeur d'or; il m'a ému par son attitude si amicale, ses gestes de sympathie assez rares dans notre milieu. Je n'oublierai jamais Michel Desrochers.

Henri Gazon et moi avons été à l'emploi de la même station à un moment donné. Il avait, à cette époque, une cote d'écoute extraordinaire. Et nous nous rendions visite l'un l'autre assez souvent. Ce bonhomme-là avait des dons de médium. Son don de voyance m'inspirait plus confiance que ses talents d'astrologue. C'est ainsi qu'un jour, il me dit subitement: «Tu as du fer dans le dos, près de la colonne vertébrale.» Personne ne connaissait ce détail; il est exact que j'ai reçu une balle près de la colonne vertébrale et que l'on en voit toujours la cicatrice. Mais j'avoue que Riri ne l'avait jamais vue. Alors? Ce n'est tout de même pas une chose commune, et il l'avait vue.

J'ai co-animé une émission avec Jacques Boulanger pendant quelques mois. Il arrivait de Québec et il avait été engagé à CKAC. Notre collaboration fut très agréable. À ce moment-là, je produisais des disques et j'avais senti que Boulanger devait avoir une belle voix. Je lui conseillais souvent d'enregistrer un disque. Il voulait bien, mais il avait des idées très précises sur le choix de ses chansons. Je le comprenais parfaitement et lorsqu'il a réalisé un disque en compagnie de Ginette Reno, j'étais très heureux de voir que je ne m'étais pas trompé. On a mal utilisé Jacques par la suite, mais il a toutes les qualités pour réussir un excellent enregistrement un jour. Comme homme, il est bizarre; il est très difficile de se faire une idée sur ce qu'il pense vraiment. Rêve-t-il? Ou bien s'échappe-t-il volontairement de tout contact, de toute discussion? Son sourire nous masque sa pensée. Toujours correct, on ne peut vraiment deviner quelles sont ses vraies pensées.

Ginette Reno... Un monument de la chanson. Une femme incroyable, avec des élans, des colères, des moments de tristesse, des joies immenses et des points d'interrogation perpétuels. On peut connaître la vraie Reno lorsqu'on est admis chez elle, dans sa grande maison de Boucherville. D'abord il y a la bouffe. Car Ginette adore faire la cuisine. Un repas chez Ginette, c'est un hymne à la bonne cuisine. Et, après, lorsqu'on quitte la table, c'est la montée vers les sommets du talent. Au premier étage, une pièce a été transformée en studio et un micro en forme le centre. Soudain Ginette Reno se déchaîne; elle règle ses amplificateurs et, saisissant le micro, elle se met à chanter avec, comme accompagnement, des bandes d'orchestre de grande qualité. Et c'est l'envoûtement. La voix magnifique de Ginette remplit cette salle de sonorités pures, fortes, violentes ou tendres. Dans ces moments-là, vous connaissez la vraie Reno, l'immense. Elle est heureuse et ne pense plus à rien. Elle oublie sa jeunesse, son enfance, ses rêveries dans les branches d'un arbre, ses tristesses alors qu'elle se croyait incomprise. Car Ginette a longtemps pensé que ses proches n'aimaient pas le métier qu'elle avait choisi. Lorsque je discutais avec Jean Simon, celui qui l'avait vraiment découverte, il me faisait part de ces inquiétudes qui brûlaient en Ginette. Quand elle se confiait à moi, il fallait l'aider à tenir le coup, à croire en son talent et à continuer de lutter. Contrairement à ce que l'on pourrait croire, les débuts de Ginette n'ont pas été faciles. Bien des choses ont été écrites à son sujet, sur sa mère, sa soeur, mais jamais on n'a pu définir exactement les problèmes qui se sont posés à notre vedette. Il ne faut pas s'étonner si, maintenant, Ginette Reno est méfiante, sauvage. Elle est difficile à atteindre; ou elle vous aime entièrement, ou elle refuse de vous connaître. C'est une femme sans demi-mesures, entière. Et elle ne se livre qu'à travers ses chansons.

On me questionne souvent à propos des vedettes que j'ai connues. Je réponds rarement, car j'ai été le confident et l'ami de bien des artistes et je ne veux pas répéter ce qui m'a été confié. Je vous livre aujourd'hui ce que je pense de certains qui en valent la peine, mais je me refuse à consacrer une seule ligne, même un mot, à des microbes de la vie artistique qui bluffent, qui mentent et qui n'ont aucun talent. Ce que je trouve lamentable dans ce métier, c'est la facilité avec laquelle des nullités obtiennent des photos et des articles dans les journaux. Est-ce de l'inconscience, de l'ignorance ou de la complicité, mais il y a des «artistes» qui ont le truc pour raconter n'importe quoi à n'importe qui et obtenir des reportages, des potins, alors qu'ils sont de parfaits zéros. Dorénavant, j'ai un besoin de justice et d'honnêteté, j'ai soif de vérité. Et c'est pourquoi j'aime la radio; je suis libre de dire ce que je pense. Je ne crois pas être la vérité incarnée; mais je connais suffisamment le métier, j'ai fait suffisamment mes preuves, non pas sur papier, mais dans les faits, par mes réalisations artistiques, pour juger un peu mieux que certains. Et j'ai la prétention de critiquer durement mais professionnellement. Notre popularité auprès des auditeurs est telle que nous pouvons, et nous l'avons maintes fois prouvé, influencer fortement les décisions des stations de télévision. Nous avons souvent rétabli des réputations à leur juste valeur et nous avons éliminé des parasites de la profession qui ne réussissaient à s'infiltrer qu'à coups de publicité peu justifiée, sinon pas du tout. Par contre je me battrai toujours pour étaler au grand jour une injustice, une erreur professionnelle, un excès de louanges dénotant le favoritisme à plein nez. En somme, comme tout au long de ma vie, je lutterai sur deux fronts; ce qui se fait et ce qu'on raconte. Les lauriers ne couronnent pas toujours le talent. Il existe, dans l'information, des orientations qui me déplaisent parce que la vérité est souvent bafouée. Je me souviens d'un fait qui s'est produit au Palais de Justice; le jugement devait être rendu dans la poursuite en dommages et intérêts de Réal Giguère contre Matti-Fontayne. Nous avions maître Germain Charbonneau comme défenseur, et Frank Shoofey se débattait pour obtenir gain de cause pour son client. Dans notre coin, se trouvait également maître Jules Lesage. La partie était gagnée pour Matti-Fontayne, malgré les remises invraisemblables. C'est alors que deux personnages se sont présentés et se sont renseignés sur les résultats de ce jugement. Il y avait une charmante petite femme qui représentait, au Palais, la station de radio CJMS (elle y est toujours d'ailleurs), et puis un digne représentant du *Journal de Montréal*. Ils ont appris que Matti-Fontayne gagnaient ce qui ne semblait pas correspondre à leurs espoirs. Et jamais le résultat du jugement n'a été publié dans le journal, ni exposé à la radio... J'ai d'ailleurs conservé un enregistrement sur cassette que le Palais de Justice m'a fait remettre, et on peut y entendre une plaidoirie que je conserve précieusement (toujours en lieu sûr) pour m'en servir au moment opportun, si l'on m'y force. Comme vous pouvez le constater, mon avenir sera toujours fait de batailles pour la vérité. J'ai reçu des coups; j'en ai rendu. Mon bilan n'est pas mal du tout. Et ma santé répond à mon moral; je suis encore prêt à me tenir debout devant n'importe qui.

La vie rêvée à soixante ans

Je discutais récemment avec Jean-Pierre Ferland. Je lui rappelais les heures que nous avions passées ensemble à Paris, bien installés à la terrasse du Fouquet's. Et nous étions d'accord sur les changements qui s'opèrent en nous au fil des ans. À cette époque, il était prêt pour réussir, à supporter Paris, ses braillards, ses prétentieux et toutes les combines du métier. Il aimait la ville, les lumières, le bruit, le mouvement, les projets insensés. Il voulait conquérir cette capitale, ce public. Et moi, j'étais lâché dans cette putain de ville éteinte où j'avais passé tant d'années, où j'avais créé, vaincu, et puis crevé de fatigue et, souvent, d'ennui. Je voulais encore davantage et le morceau de gâteau me paraissait encore bien bon à manger; j'en voulais à m'en faire éclater. J'avais pour amis les personnes les plus influentes dans mon milieu. Et j'avoue que je les retrouvais toujours avec plaisir. Mais, moi aussi, tout comme Jean-Pierre, je faisais tout pour conquérir les plus hauts sommets afin de le ramener, triomphant, à Montréal. Et nous en arrivions tous les deux à la même conclusion: rien ne vaut la liberté, le calme. Lui, il aime les animaux, les rivières, les prés et les vieilles fermes. Moi, je ne vis plus que pour la mer, le sable, le vent, la solitude. Pour Jean-Pierre et moi, les arbres ou les palmiers ont plus de valeur que les gratte-ciel, les avenues ou les magasins rutilants. Ce qui ne nous empêche pas d'aimer toujours autant notre travail. Peut-être davantage. Nous avons constaté cette chose invraisemblable: nous ne sommes plus attachés de la même façon à la gloire, aux conquêtes. Et le luxe nous laisse indifférents, alors que voilà quelques années, nous avions un penchant certain pour tout ce qui brillait.

Je cite Jean-Pierre Ferland parce que je l'ai toujours respecté et que je trouve fantastique que deux personnages se rejoignent alors que plus de vingt ans les séparent. Oui, la vie rêvée, à une certaine époque du temps qui fuit, c'est un coin de terre et une chaumière. Je me souviens d'André Claveau, une vedette qui venait souvent à Montréal; il avait acheté une ferme en France et lui qui avait toujours été le gandin, le pommadé, il ne pouvait plus vivre qu'au milieu de ses vaches. Un garçon tel qu'Alain Barrière n'est pleinement heureux que sur sa ferme. Notez que ce qu'il y a d'un peu inhumain et de con chez les hommes, c'est que les cultivateurs, les vrais de toujours, ont tout fait pour que cet homme de la ville ne puisse vivre sur sa terre. Comme si les hommes avaient le droit de garder pour des privilégiés, des coins de terre, avec des définitions précises. Un grand disparu qui connut cette connerie humaine, cet égoïsme crétin, c'est Jean Gabin. On a tout essayé en France pour qu'il ne puisse pas poser les pieds sur une terre de paysan. Même si elle lui appartenait. Heureusement qu'il y a toujours moyen de fermer la gueule à ceux qui croient être les seuls possesseurs de la vérité. C'est ainsi qu'un Charles Aznavour ou un Eddie Constantine ont pu vivre sur leurs terres, avec leurs chevaux, et jouir de la vie merveilleuse de la campagne. J'ai vu vivre Muriel Millard dans le calme de la Floride. Elle peint, elle vit, et elle oublie les saletés du métier. Un Jen Roger, même s'il a dû lutter, ne voudrait pas revenir dans cet enfer quotidien des grandes villes. Lui aussi a trouvé la sérénité sous le soleil de Miami. Jacques Rougeau, un lutteur qui a fait vibrer tant d'arènes, a trouvé la joie de vivre à l'ombre des palmiers.

Je n'en suis pas encore là. J'ai été un combattant trop engagé pour me retirer sous ma tente trop vite. Je sais que j'ai encore beaucoup à faire, beaucoup à dire. Mais il est certain que je finirai mes jours au soleil. Cette mort qui m'a frôlé, qui est venue me narguer, me tendre des pièges, elle viendra me chercher près de la mer. Et je veux être incinéré afin que l'on jette mes cendres à l'eau. Je vous ai caché une autre chose: je fais de la peinture à l'huile. Alors que j'avais dix-sept ans, j'ai vécu pendant un an à Saint-Tropez, en gagnant ma vie en peignant et en vendant mes toiles. Comment cela m'était-il venu? Je m'ennuyais et, passant devant un magasin de matériel pour artistes, je fus attiré par les valises en bois remplies de tubes de couleurs et de pinceaux. J'entrai et j'achetai tout le matériel, y compris le chevalet.

Je n'avais jamais tenu un pinceau de ma vie. Je me plaçai sur la plage, à un endroit que je trouvais beau. Et je peignis un tableau que je trouvai pas mal réussi. J'en fus le premier étonné. Mais ma surprise fut encore plus grande lorsqu'une Américaine s'arrêta, regarda et m'en demanda le prix. J'ai donné un chiffre au hasard; elle m'a dit qu'elle était d'accord, à condition de faire encadrer la toile. Elle me donna rendez-vous trois jours plus tard au même endroit. Le conte de fées devint réalité car à l'heure convenue, trois jours plus tard, mon Américaine était là. Je lui donnai le tableau orné d'un superbe cadre. Et elle me paya la somme fabuleuse de 600$, ce qui, à l'époque, était incroyable. Je pouvais vivre longtemps grâce à cette somme. J'ai donc entrepris un nouveau tableau et j'avais choisi la petite place de Saint-Tropez où il y avait une fontaine. Mais, mes enfants, les miracles n'ont lieu qu'une fois; ce tableau était horrible. Et je m'acharnais; j'attendais que ce soit sec pour essayer de mettre une autre couche. Plus j'en mettais, plus c'était laid. Finalement j'ai dû jeter la toile. Mais, par la suite, j'ai peint de nombreux tableaux et il y en a certains que je regrette vivement. Lors de mon repos, quand je prendrai des vacances définitives, je reprendrai mes pinceaux et je suis sûr que je vivrai encore des instants exaltants.

Mais j'aurai aussi le temps de penser à mes souvenirs de France, dans ce métier qui a toujours été le mien. Je revivrai les temps merveilleux où je travaillais la comédie avec un professeur nommé Paupélix. Un des élèves était un superbe garçon extrêmement gentil, très assidu et qui avait des qualités assez originales; son nom? Jean Marais. Jean était gai, enjoué et très amoureux de la même femme que moi. Lui aussi peignait et il apportait de petits tableaux à Marguerite, puisque tel était son prénom. Le Jean Marais dont je vous parle est bel et bien la grande vedette de cinéma et de théâtre que vous connaissez. Il tourna ses premiers films sous la direction de Marcel L'Herbier qui, à ce moment, était un des plus grands réalisateurs. Je vais même vous révéler que Robert L'Herbier (le nôtre) a pris ce nom à cause de sa grande admiration pour Marcel L'Herbier... Or, un jour, Jean Marais, qui venait de rencontrer Jean Cocteau, eut l'idée de me présenter à Marcel L'Herbier. Cela se déroula de façon curieuse. Je jouais le rôle de Scapin au théâtre de la Madeleine. Avant le lever de rideau, Marais me dit: «Fais attention, il y a un monsieur important dans une loge, au fond de la salle. Il vient te voir et t'entendre.» Ce jour-là, pour me donner du courage, j'ai pris un «petit coup» et j'interprétai Scapin d'une étrange façon. Me présentant au public de dos, mon entrée fut considérée comme assez spéciale. Mais les journalistes eurent des opinions fort différentes. Les uns me trouvèrent plein de talent, les autres me descendirent avec fureur et crièrent au scandale. Peu importe; après le spectacle, j'allai me présenter à L'Herbier qui, petit sourire sarcastique aux lèvres, me dit: «Assez curieux, votre Scapin... Venez me voir à mon bureau aux Champs-Élysées...» J'ai tourné dans «La route impériale» et «La porte du large». À cette époque, on me photographiait dans les studios de cinéma. J'aurais pu faire une carrière cinématographique, mais je n'aimais pas le métier de comédien. Je m'ennuyais terriblement entre chaque prise de vues. Et L'Herbier me dit un jour: «Vous feriez mieux d'être de l'autre côté de la caméra, du côté technique.» Il voulait peut-être me signifier gentiment que j'étais un mauvais acteur. J'ai préféré ne pas approfondir la chose. Moi, je me trouvais très mauvais.

Les souvenirs, ça ne s'organise pas comme un scénario; bien monté, bien calculé, se déroulant avec plus ou moins de logique. C'est ainsi que je revois des scènes de France et que, tout d'un coup, je me vois à Vaudreuil. Il y a de la neige, énormément de neige. Et je suis en compagnie de Lucien Morisse, qui était alors le monsieur tout-puissant de «Europe numéro un». Il était également le mari de Dalida. Elle était avec nous et nous nous trouvions chez un grand, un très grand de chez nous, Félix Leclerc. Nous avons été reçus comme des amis de longue date, avec une sincérité incroyable. Quelques mois plus tard, nous apprenions le suicide de Lucien Morisse. Cet homme n'avait pu supporter le départ de Dalida qui allait rejoindre un jeune cornichon un peu ridicule. Il faut d'ailleurs reconnaître que Dalida ne s'est jamais remise de ce drame. Elle a voulu se donner la mort, elle aussi. Tout le monde le sait; mais il est certain que lorsque le drame arrive dans une famille, dans un couple, il est difficile de se remettre et de reprendre une vie normale. J'avais connu ça chez Martine Carol, une vedette que les jeunes ne connaissent pas, mais qui a certainement occupé la première place dans les esprits des spectateurs du monde entier... Malmenée par la vie, exploitée par les hommes, elle a fini par abuser de l'alcool d'une façon outrancière. Les drogues et l'alcool ne font pas bon ménage; et Martine Carol connut une fin pénible, pour ne pas dire désastreuse. C'était une des plus belles femmes du cinéma international.

Oui, j'en aurai des scènes qui défileront devant moi, sur l'écran de ma mémoire. Il paraît que c'est la meilleure façon de bien vieillir. Il faut cultiver les souvenirs, les protéger, presque les couver. Je me vois encore au Fouquet's. Tino Rossi et Mireille Balin venaient y manger souvent. Mireille aussi était une des plus belles vedettes du cinéma français. Mais elle était joueuse et elle a perdu tellement d'argent que, maintenant, elle est devenue une ruine humaine; c'est infiniment triste. Quant à Tino, lui, il a trouvé le bonheur. Comme quoi les destins ne se ressemblent pas.

Je tournais beaucoup de films de promotion à une certaine époque; notamment pour le produit Shell. C'étaient des films d'une heure, à budgets importants. Je pouvais engager des acteurs, et j'avais fait débuter au cinéma une jeune starlette qui jouait à Bobino dans une opérette. Elle se nommait Nadine Tallier et elle a interprété plusieurs rôles de cinéma. Elle était très belle, et, contrairement à ce que racontaient les mauvaises langues, elle était fort intelligente. Mais je ne vais pas entreprendre maintenant mon livre sur les femmes; je vous réserve cela pour plus tard. Finalement elle est devenue la baronne de Rothschild... Pas mal comme réussite.

Charles Trenet était insupportable alors qu'il commençait à être sacré vedette, sans Johnny. Je l'avais engagé pour chanter durant une heure à Radio-Luxembourg.

L'enregistrement se faisait à Technisonor, rue François Ier, à Paris. On enregistrait directement avec l'orchestre. Et monsieur Trenet faisait des manières; il n'aimait pas le studio et disait continuellement: «Il n'y a pas d'ambiance ici... je ne chante pas.» Puis, examinant les micros, il estimait «que c'étaient des casseroles». Il voulait que l'on emmène tout l'orchestre et que l'on se rende dans un autre studio. Quand j'en ai eu assez de ses folies, je l'ai pris dans un coin et je lui ai montré les billets de mille francs que j'avais pour son cachet: «Ou vous les voulez et vous chantez; ou vous partez immédiatement.» Le défaut mignon de Trenet, c'était l'argent; il n'hésita pas trop longtemps et il dit: «Je chante.» Et il n'a jamais si bien chanté... Une autre fois, cela se passait à Radio-Luxembourg, je devais faire un enregistrement avec un orchestre et Stéphane Grappelli. Ce dernier n'arrivait pas et je commençais à piquer une colère. Soudain, nous avons vu arriver notre violoniste, son instrument sous le bras, mais, tenez-vous bien, le bonhomme était en pyjama. C'était un bohème et il n'était heureux qu'en négligeant les convenances; à son réveil, il avait tout simplement oublié de mettre un costume. Mais quel talent, reconnu dans le monde entier.

. J'avais un studio de cinéma dans la cour du 35 avenue Wagram, où était situé le music-hall de l'Étoile. Tout a été démoli depuis. Édith Piaf est venue y répéter. Il faut dire que j'avais été à l'origine d'un de ses amours: Yvon Jeanclaude. J'avais fait engager Yvon chez Carrère, la boîte à la mode à Paris pendant l'occupation des Boches. Et Piaf était venue là un soir; elle revenait tous les soirs. Et elle a piqué ce cher Jeanclaude. Dommage, car il avait une voix magnifique. Mais Jeanclaude n'a jamais fait partie des grandes folies de Piaf; il couchait par terre, dans un salon. Il était tellement vulnérable et faible... René Cloérec a travaillé longtemps sous ma direction, comme chef d'orchestre. Il avait débuté avec Piaf comme pianiste. Dans mon livre sur les femmes, il y aura certainement un long passage inédit sur Piaf. Mais moi, je me souviens d'elle, avec ses cheveux de toutes les couleurs, sa bouche trop maquillée; mais je ne peux oublier le charme envoûtant de ses yeux. Quelle femme... Il y a des faits, des noms, des vedettes, mais cela remonte trop loin pour que vous vous en souveniez. Alors je mets ça dans mon tiroir aux souvenirs mais je ne l'ouvrirai pas pour vous. Cela vous ennuierait.

J'ai assisté à tous les efforts de Michèle Morgan pour obtenir une simple figuration. Elle arrivait, l'air battu, chez l'impresario Trives et elle demandait s'il y avait quelque chose pour elle. Jusqu'au jour où Raimu... Nous étions deux lascars à avoir notre bureau à l'entrée des locaux de Trives; toutes les vedettes s'arrêtaient pour bavarder avec nous. Nous deux, nous dirigions la section radio de Trives. Et les figurantes faisaient notre bonheur. Une artiste qui nous enchantait par-dessus tout, c'était Mila Parély. Vous l'avez sûrement vue à l'écran, mais vous ne vous en souvenez pas. Elle était de la lignée des Arletty. Quand Viviane Romance arrivait, on déroulait le tapis rouge; elle était certainement une des valeurs les plus sûres du cinéma français. Mais elle avait un «manager» peu sympathique; non seulement il touchait de l'argent sur le dos de Viviane, mais en plus il exigeait un rôle dans les films de la vedette; et c'était le plus mauvais comédien que l'on connaisse. Pauvre Viviane... Et combien de vedettes se sont affublées de profiteurs de ce genre. Des morpions qui vivent royalement, comme des parvenus, en profitant de l'argent ou des avantages de leur vedette de maîtresse.

J'ai eu des aventures cinématographiques invraisemblables. J'avais produit «Les nouveaux maîtres», de peine et de misère, qui m'a mis en vedette dans le plus beau procès de Paris, car on m'accusait d'avoir produit un film antijuif. C'était après la fin de la dernière guerre et les Israélites avaient beaucoup souffert; un rien les mettait dans des rages folles. Ce film, qui racontait l'histoire vécue d'un personnage qui avait défrayé la rubrique judiciaire, était tiré d'une pièce de boulevard qui avait obtenu un succès sans précédent au théâtre de Paris. Le film, vendu dans toutes les salles Pathé, fut retiré de l'affiche et j'ai perdu des millions de francs. J'avais trouvé des capitaux en Islande pour tourner «Salka, fille d'Islande» de Laxness, prix Nobel de 1955. Par malheur, l'argent islandais ne peut être sorti du pays et n'a aucune valeur dans le monde entier. Je ne pouvais donc payer personne. J'avais pourtant fait livrer camion de son, caméras sonores, projecteurs, et tout le matériel à Reykjavik, la capitale de l'Islande. Il a fallu que je fasse un voyage spécial pour tout récupérer et tout ramener en France. C'est un assez mauvais souvenir, merci... «Salka» a été tourné par la suite par un de ceux que j'avais engagés pour ce film; ce fut un bide magistral.

Je me suis toujours juré de ne plus retoucher au cinéma. Du moins en ce qui concerne le grand film. Parfois, j'ai eu des tentations. On m'a même fait, ici, des propositions. Mais je n'ai jamais voulu pousser à fond, redoutant infiniment les rouages du cinéma. Tu te ruines déjà en faisant du disque; alors, avec le cinéma... J'admire infiniment le courage d'un Jean-Claude Lord et je souhaite qu'il réussisse pleinement car il le mérite.

Si je devais revivre ma vie...

Non, je ne regrette rien... Cette phrase d'une chanson de Piaf a marqué mes pensées bien des fois. Si je devais refaire ma vie, je recommencerais. Il y a peut-être certains détails qui seraient différents, mais, dans l'ensemble, je serais le même Matti. Ma philosophie de la vie est simple: je n'aime pas les complications, ni les détours de l'esprit. Je déteste par-dessus tout les gens qui sont toujours à la recherche du mieux alors qu'ils ne sont même pas capables d'atteindre le bien. Les gens tortueux, qui se malaxent le cervelet pour trouver l'impossible, ces gens-là me tombent sur les nerfs. D'ailleurs, pendant toute ma vie, j'ai profité de ces malheureux qui hésitaient, réfléchissaient, se traumatisaient. Pendant qu'ils perdaient leur temps à discuter à vide, moi, je fonçais, et j'en ai enlevé des affaires de cette façon. Connaissant la sournoiserie humaine, j'en ai joué des tours à bien des confrères. Je faisais toujours semblant d'entreprendre quelque chose de bien précis; je savais que tous les pitchounes du métier allaient se mettre en branle pour me mettre des bâtons dans les pattes. Pendant qu'ils perdaient leur temps à essayer de m'empêcher de mener à bien l'entreprise inventée que je leur avais donnée en pâture, je réalisais ce qu'en réalité j'avais projeté. Et soudain, ils avaient la surprise de leur vie; ils apprenaient ça tout d'un coup. Tous leurs efforts de démolition étaient réduits à néant et ils se retrouvaient le bec à l'eau. J'ai fait le coup à je ne sais combien de reprises; et ça marchait à chaque fois. Les hommes se croient très forts, surtout lorsqu'il s'agit d'être méchants. Mais tu peux les posséder par un moyen bien ordinaire: l'orgueil. J'en ai connu des personnages bien quelconques qui s'imaginaient qu'ils allaient tout révolutionner. Il suffisait de leur faire croire qu'ils étaient sur le bon chemin, qu'ils étaient les meilleurs, les plus intelligents et qu'ils devaient réussir là où tant d'autres avaient perdu; je vous assure que, pour mieux se gonfler, les gars se «pétaient la fraise» sans même s'en rendre compte. L'orgueil des autres est notre meilleure protection et notre plus sûr moyen de gagner. Et cela dans tous les domaines.

Je suis toujours parti du principe que celui qui tourne autour de la lumière va finir par se brûler; et je ne l'ai jamais plaint. Que ce soit en affaires ou en amour. J'en ai connu de pauvres types qui brûlaient leurs ardeurs et qui, soudain, perdaient leurs ailes. Papillons d'un moment, ils doivent mourir tels des éphémères. Le feu, ça attire; mais on s'aveugle si on le regarde de trop près et trop longtemps. J'ai souvent assisté à des mises à mort de braves gars qui avaient voulu jouer avec le feu. Il en est de même en affaires. Par contre je n'ai jamais abusé des sentiments des gens. J'ai toujours refusé d'être le suave maquereau, que ce soit en amitié ou en amour. D'ailleurs j'ai toujours souverainement peu estimé ces personnages que je considère comme des parasites du coeur. Je n'ai jamais flatté, ni encensé, ni surtout aimé, pour mieux posséder. D'ailleurs je ne m'attache à rien de matériel; lorsque je suis parti pour Miami, j'avais laissé tous mes meubles et mes costumes, effets personnels, dans une petite maison de l'île Perrot. Les biens de la terre ne me touchent pas. Si j'ai de l'argent, je vis comme un pacha. Si je suis pauvre, je mange un hot-dog avec autant de joie que lorsque je me tape du champagne les jours de fortune. J'avoue que je m'habille plutôt mal, sans beaucoup de goût, ni pour les couleurs, ni pour la forme. Je m'habille comme je vis; sans complications et sans tracas. Ce dédain des biens de ce monde ne veut pas dire que je méprise les dollars; loin de là. Il m'en faut beaucoup et j'ai dépensé des fortunes. J'ai fait de mauvaises affaires et j'ai tout perdu au moins trois fois dans ma vie. Ruiné en une journée, je savais relever le défi et me remettre sur pied rapidement. Peut-être justement parce que je me fiche du dollar pour lui-même. On me dit souvent: «Pense à tes vieux jours.» J'y pense. Mais je ne me fais pas de bile. Aussi longtemps que je pourrai travailler, d'une façon ou d'une autre, je serai mon propre maître. Si je me rends compte, un jour, que je vais être à la charge de quelqu'un, soyez assurés que je trouverai une solution qui sera digne. J'ai le goût du vedettariat et je saurai finir mes jours en vedette. Avec panache. J'en ai le moyen et je saurai l'utiliser.

Si je ne fais plus de radio (et j'ai bien le temps de penser à la retraite) je peindrai et j'écrirai. J'ai tellement de choses à vous dire encore; il m'arrive, au bout de ces lignes, d'avoir envie de dire et de dire encore. Mais, vieux bavard que je suis, il faut savoir se discipliner et ne pas tout mélanger. Tu es Matti, la bête. Ne l'oublie pas.

Si les gens savaient ce qu'il y a de bonté dans une bête, ils comprendraient tout ce qui est en moi. La dent dure, oui, mais le coeur bien plus tendre que vous ne le croyez. Je mords lorsque l'on m'attaque; mais combien de fois j'ai léché des plaies, caressé des tristesses. Matti, la bête; d'accord. Mais comme j'aime les animaux; ils sont pleins de franchise, d'attachement, de fidélité. J'espère être une bonne mauvaise bête...

Les femmes sont plus fines que les hommes; elles perçoivent beaucoup mieux les sentiments des autres, leurs réactions. Les hommes jugent bêtement, en gros lourdauds; avec jalousie surtout. Et je me souviens toujours d'un jugement de Charles Aznavour. J'ai toujours su qu'il avait raison en disant: «Quand on me dit qu'une chanson que j'interprète est sublime, merveilleuse, je la retire bien vite de mon répertoire, car elle doit nuire à la qualité de ce que je fais. Par contre si je vois des têtes lugubres et que l'on me conseille de supprimer telle chanson je la garde, car elle doit être très bonne.» Oui, je me suis toujours méfié des conseils des autres hommes, parce que leur jalousie est telle que l'on ne peut se fier à ce qu'ils disent.

Le monde est fou. La terre roule à l'envers. Et il faut envisager le temps, peu lointain, où un désastre viendra donner aux hommes la leçon qu'ils méritent. Ils ont fait l'amour avec les dollars, les francs, les marks, et ils ont chevauché les dragons de l'injustice. Ils ont joué dans les plates-bandes du mensonge et de la fourberie. Et je ne vois pas d'autre solution qu'une catastrophe mondiale pour remettre les hommes dans le droit chemin. Les profiteurs perdront leurs biens mal acquis. Les incapables trouveront le calme nécessaire à leur impuissance. Les méchants subiront le feu de l'enfer. Et le jugement de Dieu sera impitoyable. Je suis médium et je l'ai maintes fois prouvé; si je termine ce livre, qui est le passage d'un temps, en annonçant une espèce de fin du monde, c'est que je le ressens, que je le vois. La mort, cette grande paix universelle, est au-dessus de nous tous. Elle rôde, elle couve, elle guette sa proie. Et je crie au monde: paix aux hommes de bonne volonté. Paix dans vos âmes et dans vos esprits. Paix dans la justice, paix dans le progrès. Il est peut-être encore temps. Dieu laisse toujours du temps aux coupables pour retrouver le chemin du pardon. Profitez-en encore, si vous voulez bien comprendre que vos querelles, vos mesquines batailles, votre goût de la possession, votre égoïsme, vous mènent à la destruction. Il n'y aura pas de pardon, pas de remise de peine. Matti, la bête, aboie encore pour vous aider à comprendre, à aimer. Et vous saurez peut-être combien je vous aime, les uns et les autres. Car il faut beaucoup aimer pour accepter d'être détesté à force d'être franc. L'amour que l'on donne rapporte souvent la haine. Mais peu importe, pourvu que l'on aime...

Achevé d'imprimer
en novembre mil neuf cent quatre-vingt-un
sur les presses de l'Imprimerie Gagné Ltée
Louiseville - Montréal.
Imprimé au Canada